AF369303

ALLAN **R**. **B**REWER-**C**ARÍAS
Profesor Emérito de la Universidad Central de Venezuela
Simón Bolívar Professor, University of Cambridge UK
(1985-1986)
Professeur Associé, Université de Paris II
(1989-1990)
Adjunct Professor of Law, Columbia Law School
(2006-2008)

LA CONCEPCIÓN DEL ESTADO EN LA OBRA DE ANDRÉS BELLO

Palabras preliminares
de
Pedro Grases

Edición al cuidado de
Carlos Antonio Agurto Gonzáles
Sonia Lidia Quequejana Mamani
Benigno Choque Cuenca

Título: La concepción del Estado en la obra de Andrés Bello

© Allan R. Brewer-Carías

© Ediciones Olejnik
Huérfanos 611, Santiago - Chile
E-mail: contacto@edicionesolejnik.com
Web site: http://www.edicionesolejnik.com

Primera edición:
La Concepción del Estado en la obra de Andrés Bello,
Instituto de Esudios de Administración Local, Madrid 1983.

Primera edición en Ediciones Olejnik: 2020

ISBN: 978-956-392-893-8

Diseño de Carátula: Ena Zuñiga
Diagramación: Luis A. Sierra Cárdenas

La edición de Ed. Olejnik fue impresa en Argentina 2020.

La reimpresión en coedición entre Ediciones Olejnik y Editorial Jurídica Venezolana, fue impresa por Lightning Source, an Ingram Content company, para Editorial Jurídica Venezolana International, 2021.

ÍNDICE

IV
LOS PODERES DEL ESTADO

NOTA A LA EDICIÓN CHILENA

Esta obra, poco conocida en Chile, y la cual, a su vez, trata una faceta de la obra de Andrés Bello también poco estudiada, tuvo su origen en la Ponencia presentada por su autor en el Congreso del Bicentenario de Andrés Bello, que tuvo lugar en Caracas en 1981, y que fue organizado por Rafael Caldera y Pedro Grases, dos reconocidos estudiosos contemporáneos de Andrés Bello y de su obra, quienes le pidieron al autor trabajara sobre el tema de la visión de Bello sobre la organización del Estado.

Como lo observó Pedro Grases en la presentación de la primera edición que se publicó en Madrid en 1983, la extensa obra de Andrés Bello, particularmente escrita y publicada en Chile desde 1829 hasta su muerte en 1865, ha sido objeto de estudios diversos y variados que lo han mostrado como poeta, educador, filósofo, gramático, filólogo, humanista, crítico, historiador, internacionalista, periodista y legislador, no habiendo sido frecuente, sin embargo, el estudio de su obra bajo el ángulo constitucional, y menos analizando su concepción del Estado.

Este vacío fue el que con este libro intentó llenar el profesor Allan R. Brewer-Carías, al estudiar las ideas de Bello sobre la organización político-administrativa de una república americana recién emancipada, como era la República de Chile, las cuales fue configurando en su vasta obra escrita desde los organismos que rigen la vida pública, siempre al servicio de la nación chilena.

El libro confirma la apreciación general del profesor Brewer-Carías, que nos muestra a Bello, no como un hombre de Estado, pues «no gobernó ni fue estadista,» sino más bien como un «hombre del Estado,» que «administró y movió, desde la burocracia, el aparato estatal,» desarrollando ideas y concepciones sobre la organización política y administrativa de la sociedad, que fueron utilizadas por sus contemporáneos gobernantes.

El estudio, además, tiene particular interés, porque como lo destacó el profesor Grases, fue el resultado de una lectura, estudio y examen atento, exhaustivo, minucioso y directo del autor, sobre cuanto escribió Bello, tanto expresamente sobre el asunto, como en sus restantes obras en las que se refirió a algún aspecto parcial del tema del Estado y su organización; indicando siempre el apoyo de la referencia inmediata a la cita correspondiente de los escritos de Bello.

Ediciones Olejnik agradece al profesor Brewer-Carías, que haya accedido a que su obra sea editada en Chile, donde Andrés Bello conformó toda su obra.

Octubre 2020

NOTA EXPLICATIVA DEL AUTOR A LA PRIMERA EDICIÓN(1983)

Con ocasión de la celebración, a finales de 1981, del bicentenario del nacimiento de Andrés Bello se organizó en Caracas, su ciudad natal, un gran Congreso conmemorativo, culminación de varios otros celebrados en Londres y Santiago de Chile, en los cuales se estudiaron y analizaron, materialmente, todos los aspectos de la vastísima obra del pensador.

Los organizadores de los actos centrales del bicentenario, nada menos que mis compatriotas profesores Rafael Caldera y Pedro Grases, me pidieron que colaborara en los actos con la elaboración de un trabajo sobre el pensamiento jurídico-público de Andrés Bello. La tarea no fue fácil, pues había, al menos, dos inconvenientes. El primero, derivado del hecho de que el conocimiento que para ese momento tenía de la obra de Bello era indirecto; y el segundo, resultado de que al analizar lo escrito sobre Bello constaté que había enfoques y estudios materialmente sobre todos los campos del conocimiento, pero a la vez muy pocos sobre su pensamiento político y jurídico-público.

Ante esa situación opté por estudiar directamente la obra de Bello, para lo cual fue necesario efectuar la lectura, análisis y fichaje de las *Obras Completas* del pensador. En este trabajo fue invalorable la colaboración que recibí, durante varios meses, de la licenciada Eloísa Avellaneda Sisto, cuyo interés y dedicación hizo posible que, luego, pudiera redactar este estudio, *La concepción del Estado en la obra de Andrés Bello;* por tanto, es un estudio que surge del análisis directo de sus *Obras Completas,* como se podrá comprobar por las referencias. Este fue el método que deliberadamente elegí, renunciando a basarme en apreciaciones o referencias indirectas o en interpretaciones que se han hecho sobre su obra.

Después de concluir el estudio, debo reconocer que se me abrió un campo nuevo, pero a la vez, si se sigue la biografía de Bello, un campo que era absolutamente lógico. Hemos dicho que más que hombre de Estado, Bello fue un hombre del Estado, pues dedicó casi toda su vida al servicio del sector público, tanto en el campo del Poder Ejecutivo como del Poder Legislativo. En esta labor pública, por supuesto, tenía su propia concepción del Estado, y ésa es la que hemos querido descubrir, utilizando, por supuesto, las categorías del derecho público moderno.

No puedo concluir esta nota sin agradecer el empeño que mi querido amigo el profesor Pedro. Grases puso en que elaborara el trabajo. Sin duda, su insistencia hizo posible que dentro del cúmulo de mis actividades académicas y públicas me apartara, incluso, de mis estudios de derecho público contemporáneo y me adentrara en un trabajo de esta naturaleza. Por la responsabilidad que le corresponde por su empeño, le he pedido que elaborara el prólogo a este libro, lo cual me honra.

Por último, quiero agradecer a mi querido amigo el profesor Luciano Parejo Alfonso, director del Instituto de Estudios de Administración Local, la amabilidad que ha tenido al haber resuelto publicar este trabajo bajo el patrocinio del Instituto, iniciando con él la nueva colección sobre autores de derecho público iberoamericano, que acertadamente ha decidido acometer. Es una apertura hacia América Latina que los estudiosos del derecho público de nuestros países tenemos que reconocer y apreciar.

Madrid, mayo de 1983.

Allan R. Brewer-Carías

PALABRAS PRELIMINARES

Por Pedro Grases

En la extensa bibliografía sobre la figura de Andrés Bello (1781-1865), que forma ya una copiosa biblioteca, se han estudiado prolijamente muchos aspectos, que ofrecen materia para la indagación biográfica y la crítica histórica. El carácter poligráfico de la obra rendida en su larga vida por el humanista ha suscitado una pluralidad de exégesis sobre Bello como poeta, educador, filósofo, gramático, filólogo, humanista, crítico, historiador, internacionalista, periodista y legislador[1], pero no se había prestado atención a un tema importante en Bello, como es el de su concepción del Estado[2].

En la oportunidad de la celebración del bicentenario del nacimiento de Bello en Caracas, al ordenar el plan de ponencias analíticas interpretativas de la figura del humanista, se me ocurrió recomendar al doctor Allan-Randolph Brewer Carías el estudio de las ideas fundamentales de Bello respecto a la organización político-administrativa de una república americana recién emancipada, ideas que desarrolló en Chile, donde es bien sabido que Bello dedicó la mayor parte de sus años creativos, desde 1829 hasta su muerte en 1865. Los testimonios de sus escritos durante casi cuatro décadas de ejercicio activo, siempre al servicio de la nación chilena en los más variados campos de la administración pública (Educación, Legislación, Relaciones Internacionales; en fin, asesor integral de sucesivos presidentes, etc.), habían de permitir la sistematización de unos principios fundamentales elaborados por la poderosa mente de Bello para organizar eficazmente el gobierno de un nuevo Estado, que requería, consecuentemente, bases y estilo propio para su solidez y su funcionamiento.

El doctor Brewer Carías cumplió a cabalidad su cometido mediante el presente análisis que no vacilo en calificar de magistral, presentado al Congreso del Bicentenario en noviembre de 1981, y recibido con general aplauso por un concurso exigente formado por especialistas en el bellismo[3]. Realmente este trabajo llena un vacío en la literatura sobre Bello y juzgo que permite ver en un panorama muy completo y deta-

---

[1] Cf. *Bibliografía de Andrés Bello,* por Agustín Millares Carló, en su última edición, de la Fundación Universitaria Española, Alcalá, 93. Madrid, 1978.

[2] Apunta algunos atisbos sobre la idea del Estado en Bello el prólogo a *Textos y mensajes de Gobierno,* de A. Bello, vol. XVI de la edición de las *Obras Completas de Bello,* Caracas, 1964.

[3] Se publicó en el vol. *Bello y la América Latina,* Ediciones La Casa de Bello, Caracas, 1983.

llado cuales fueron las líneas maestras de la aportación de Bello a la ordenación de la República de Chile desde los organismos que rigen la vida pública.

Mediante el examen atento, exhaustivo, minucioso y directo de cuanto escribió Bello expresamente sobre el asunto y con la rigurosa consulta de las restantes obras del humanista en que se había referido a algún aspecto parcial del tema[4], elaboró la monografía que hoy se publica en edición individualizada, para la cual me ha pedido el autor unas líneas de presentación.

La disquisición del doctor Brewer Carías es ni más ni menos que la clasificación sistemática e inteligente de las referencias fieles de Bello a todos los puntos que puede abarcar el desarrollo de tan amplio tema. En cada momento la glosa certera del autor sitúa e interpreta el pensamiento de Bello de manera sencillamente perfecta.

Se distribuye el estudio en cuatro capítulos: I. Introducción; II. La idea del Estado; III. El funcionamiento del Estado, y IV. Los poderes del Estado. Constituye una exégesis totalizadora que no deja cabos sueltos, explicada siempre en lenguaje expositivo, claro y objetivo, con el apoyo de la referencia inmediata a la cita correspondiente de los escritos de Bello. Es una labor digna de todo encomio y modelo de investigación, pues está perfectamente adecuado el fin con el método empleado.

Cada uno de los capítulos está distribuido en epígrafes que comprende una materia muy vasta, pero al ser subdividida por el autor en subcapítulos ciñe en parcelas concretas el amplio horizonte de cada enunciado general. Estas subdivisiones sólo puede lograrlas con acierto quien esté muy versado en la disciplina del derecho público. Es el caso del doctor Brewer Carías, quien a pesar de su juventud tiene ya en su haber una impresionante bibliografía personal con libros y opúsculos publicados que ya quisiera para sí más de una persona provecta. Además, por su experiencia, pues ha desempeñado con acierto altos puestos en la docencia y en la administración pública, por lo que cuando acomete la ordenación de los subtemas, integrados en un rubro de mucha extensión, puede distribuirlos con soltura y exactitud.

El punto de partida de su estudio es la precisa afirmación de que Bello no fue hombre de Estado, pues «no gobernó ni fue estadista», sino hombre del Estado, o sea, «administró y movió, desde la burocracia, el aparato estatal», «desarrolló ideas y concepciones sobre la organización política y administrativa de la sociedad, que fueron utilizadas por sus contemporáneos gobernantes», hasta llegar «con su permanente asesoría y labor intelectual» a conformar el Estado chileno. Creo que es la recta interpretación. Además, pienso que si Bello hubiese sido gobernante político, sometido al turno de la sucesión democrática, en el mejor de los casos su tarea no hubiese tenido la continuidad que tuvo durante los treinta y seis años de residencia en Chile.

En el primer capítulo expone el doctor Brewer Carías las ideas matrices del pensamiento de Bello en relación con las circunstancias de la vida política chilena.

---

[4]   Están indicadas oportunamente en el cuerpo de notas del presente estudio.

Estos principios están en los demás capítulos en que desarrolla el doctor Brewer Carías los temas de su análisis, pues constituyen el común denominador de las condiciones generales del Estado, según lo entendía Bello.

En conjunto, un estudio sesudo y completo. Tengo la seguridad de que nadie saldrá defraudado en la consulta de esta obra.

* * *

He aquí algunos datos personales del autor de la presente monografía.

Nacido en 1939, en Caracas. Cursó sus estudios en su ciudad natal, y en París, hasta graduarse brillantemente, con honores, de Doctor en Derecho en la Universidad Central de Venezuela (1964), con premio a su tesis de doctorado sobre **Las instituciones fundamentales del Derecho Administrativo y la Jurisprudencia Venezolana.** *Pertenece a diversas Academias de Venezuela y del exterior; y ha recibido numerosos premios por sus publicaciones jurídicas. Ejerce la docencia en la Facultad de Derecho de la Universidad Central de Venezuela desde 1963, en donde ha llevado a término actividades de investigación jurídica que le han dado justo renombre. En la actualidad es director del Instituto de Derecho Público de la Universidad Central de Venezuela. Ha dado, asimismo, cursos en la Universidad Católica Andrés Bello y en la Simón Bolívar, de Caracas, y es docente activo de la Facultad Internacional para la enseñanza del Derecho Comparado. Ha tenida a su cargo, en diversas oportunidades, cursos de especialización en Caracas y en diversas ciudades del exterior. Asimismo, como miembro del Instituto Internacional de Administración Pública.*

Ha desempeñado delicados puestos públicos de mucha responsabilidad, con seguridad y soltura (excepcional en profesionales jóvenes), en varias entidades oficiales, particularmente como presidente de la Comisión de Administración Pública de la Presidencia de la República de 1969 a 1972, donde rindió una excepcional labor de investigación y consejo. Ha prestado notoria colaboración y asesoría a distintos ministerios y entes oficiales de la administración del Estado y del Poder Legislativo con eficaz rendimiento. En el ejercicio de la profesión de abogado ha logrado legítima nombradía en el campo de su especialidad. Notable expositor, ha dado excelentes conferencias en sociedad y entidades públicas y privadas, y ha participado en numerosas misiones oficiales en el exterior y en congresos nacionales e internacionales que le han dado prestigio más allá de las fronteras de Venezuela en el mundo de su especialidad y le han ganado puesto propio en numerosas instituciones jurídicas de Europa y América,

Si es impresionante la relación de su actividad profesional y docente, es todavía más contundente el recuento de su bibliografía. Los libros, folletos y artículos de análisis de temas jurídicos alcanzan a más de doscientos títulos y comprenden obras que corresponden habitualmente a juristas de más edad. Todas ellas entrañan aportes sesudos y bien trabados sobre problemas de administración, de legislación política y constitucional, de derecho privado, de derecho procesal, etc., y en cada una hace gala de excepcional dominio de la Jurisprudencia y de las teorías del Derecho en un amplio

15

espectro de la vida pública.

En suma, y en conclusión, el doctor Allan-Randolph Brewer Carías está en el umbral de la madurez de su existencia a los cuarenta y tres años de edad, en la plenitud de un nombre prestigioso en Venezuela y en el exterior labrado a fuerza de talento, capacidad de trabajo y contracción al estudio que lo convierten en una de las más reputadas autoridades en el campo del Derecho en el continente americano.

Para mí es un auténtico favor que hace a mi persona al solicitar que una mi nombre al suyo en una de las modélicas indagaciones salidas de su pluma. En este caso, para fijar con precisión y lujo de fundamentos cuales son los razonamientos en que puede apoyarse la concepción del Estado en el pensamiento del eximio humanista don Andrés Bello.

Pedro Grases

Junio, 1983

I

INTRODUCCION

Andrés Bello, durante toda su vida, fue un hombre del Estado, es decir, un hombre que estuvo al servicio de instituciones públicas. No gobernó ni fue estadista, pero si administró y movió, desde la burocracia, el aparato estatal. Arístides Rojas dijo que como oficial primero de la Capitanía General de Venezuela, entre 1802 y 1809, Bello había sido «el alma de la Capitanía General»[1]. La verdad es que por su extraordinaria capacidad de trabajo, confiabilidad e inteligencia, Bello fue el alma de todas las instituciones públicas a las cuales sirvió: en Venezuela, en la Capitanía General y en la Junta Conservadora de los Derechos de Fernando VII hasta 1810; en las Legaciones de Chile y Colombia, en Londres, hasta 1829; y luego, en Chile como oficial mayor del Ministerio de Hacienda entre 1829 y 1833, y del Ministerio de Relaciones Exteriores entre 1833 y 1852; como senador durante veintisiete años, entre 1837 y 1864, y como rector de la Universidad de Chile desde su creación, en 1842, hasta su muerte, en 1865. Fue un conocedor, por dentro, de la Administración del Estado, y como muestra sólo debemos recordar que redactó durante veintinueve años (1831 a 1860) los Mensajes Presidenciales al Congreso chileno, y que durante dieciocho años (1834 a 1852) fue redactor de las Memorias del Ministerio de Relaciones Exteriores al Congreso. Como senador, además, fue redactor de las Leyes más importantes de Chile y como ciudadano influyente intelectualmente, participó en todas las empresas institucionales chilenas en el segundo cuarto del siglo pasado. Por supuesto, su obra monumental y particularmente sus trabajos conexos con el Estado y la Administración Pública, los realiza en Chile, y debe recordarse que llega a ese país en 1829, a la edad de cuarenta y siete años. Una fecunda experiencia vivida, y un profundo conocimiento de los hombres y de las cosas, le permite así comenzar a realizar su producción intelectual sin desatender sus tareas públicas, a la edad en la cual, lamentablemente en nuestro mundo contemporáneo, muchos comienzan a pensar en el retiro.

---

[1] Véase la referencia en Rafael Caldera, *Andrés Bello,* Editorial Monte Avila, Caracas, 1978, pág. 34.

Hemos dicho que Bello fue más bien un hombre del Estado que un hombre de Estado[2]. Como tal hombre de la burocracia, desarrolló ideas y concepciones sobre la organización política y administrativa de la sociedad, que fueron utilizadas por sus contemporáneos gobernantes. «... Bello era la cabeza mejor dotada para las tareas propias del gabinete», afirma Lira Urquieta[3], y durante su larga vida en Chile, interviene en todos los aspectos centrales del funcionamiento de las instituciones públicas. Sin embargo, no siempre tomando parte activa, sino en general, en la sombra, asesorando, ayudando, preparando proyectos, evacuando consultas, como fue su manera habitual de proceder[4]. Por tanto, puede decirse que con su permanente asesoría y labor intelectual, conformó el Estado chileno. Sin embargo, no ha sido tema frecuente de investigación y estudio este de la concepción del Estado y la Administración Pública en la obra de Andrés Bello.

El estudio y análisis de la obra de Bello nos ha permitido, sin embargo, identificar una clara concepción del Estado y de la Administración Pública, lo cual intentaremos exponer analizando separadamente, en primer lugar, su idea del Estado, jurídica y políticamente hablando; en segundo lugar, su concepción respecto a cómo debía funcionar el Estado en relación a su Constitución, el sistema de gobierno, la forma política del mismo y los derechos y garantías de los ciudadanos; y en tercer lugar, su tesis sobre los diversos poderes del Estado y su papel: el Legislativo, el Ejecutivo y el Judicial.

Antes, sin embargo, resulta conveniente ubicar a Andrés Bello en el proceso histórico-político que le tocó presenciar. Bello puede decirse que fue conservador, en cuanto a que rechazó siempre toda forma revolucionaria que aniquilara las instituciones políticas precedentes, y las suplantara por nuevas, pero matizando su conservadurismo con unas ansias constantes de progreso y de reforma que resultan de su actividad intelectual y pública. En su concepción política del Estado siempre abogó por mantener la continuidad histórica de las instituciones; o, como dijo Mariano Picón Salas, prefirió «la tranquila marcha de los tiempos» antes que los cambios radicales[5]. Por ejemplo, al comentar las restricciones al sufragio en la Constitución de 1833, al justificar por qué no se había pasado a un sistema diverso que «era una inno-

---

[2] Escribe GUILLERMO FELIÚ CRUZ que Bello fue, con razón, el «orientador y creador de la Administración Pública chilena. Dice: «La sirvió como internacionalista. La estructuró como legislador. La ordenó como jurista. En estas tareas, Bello se condujo como un hombre de Estado». Luego afirma que Bello «aplicó siempre un criterio institucional a todos los organismos del Estado». *Obras Completas de Andrés Bello*, volumen XIX *Textos y mensajes de Gobierno*. Prólogo de GUILLERMO FELIÚ CRUZ: «Andrés Bello y la Administración Pública de Chile» (marzo, 1959), pág. LXVII.

[3] Véase PEDRO LIRA URQUIETA: *Don Andrés Bello y la Constitución de 1833* (apartado del «Boletín de la Academia Chilena» de 1833), Santiago de Chile, 1950, pág. 8.

[4] *Idem*, pág. 8.

[5] MARIANO PICÓN SALAS: «Bello y la Historia», prólogo al volumen XIX de las *Obras Completas de Andrés Bello. Temas de Historia y Geografía*, Caracas, 1957, págs. XLII y XLIII.

vación de mucha trascendencia, una verdadera revolución», se preguntaba «¿no es más prudente que esa revolución fuese gradual e insensible?»[6]. De allí que afirmara también, por ejemplo, que «el mejor remedio que puede aplicarse a los inconvenientes de una constitución que vacila, porque no ha tenido tiempo de consolidarse, es mantenerla a toda costa, mejorándola progresivamente y, sobre todo, acomodando a ella las demás partes de nuestra organización política»[7].

Estas palabras recuerdan, sin duda, las exigencias de continuidad institucional de nuestra democracia contemporánea, la cual por más que tenga defectos y que a veces vacile, requiere a toda costa su mantenimiento y perfeccionamiento.

Esta idea, muy manejada por Bello de la continuidad histórica de las instituciones, como dijo Ricardo Donoso, lo llevó a ser «... uno de los pocos que no condenó con rudo apasionamiento el legado espiritual de la Colonia, y comprendió... la necesidad de abrir camino a las reformas que reclamaban las mutaciones de los tiempos»[8].

Reconocía, sin embargo, que desde el punto de vista institucional, político-representativo, poco nos había dejado la colonia, por lo que tuvimos que materialmente crearlo todo. En esta innovación estuvo uno de los males de la constitución de los nacientes Estados suramericanos. En 1830, por ejemplo, comparaba la tarea de los americanos del Norte con los del Sur para constituirse en nación. Constataba cómo las colonias norteamericanas no tuvieron que proclamar principios nuevos, desconocidos por la Metrópoli, y citaba al

---

[6]   Véase la referencia en Ricardo Donoso, prólogo al volumen XVII de las *Obras Completas de Andrés Bello,* Labor en el Senado de Chile, Caracas, 1958, págs. LXXI y LXXII. Por eso, afirma en 1852 que «no se asalta una organización social sólida, que dé su parte debida a la libertad y a la autoridad; se conquista poco a poco. Así han marchado todos los países y no es la América la que mejor preparada pudiera creerse para no estar sujeta a esa ley general». Véase en *Obras Completas de Andrés Bello,* volumen XVI, *Textos y mensajes de Gobierno* (Memorias que el ministro de Estado en el Departamento de Relaciones Exteriores presenta al Congreso Nacional en 1852), Caracas, 1964, pág. 658.

[7]   Véase en «Publicidad de los juicios» (El Araucano, año 1830) publicado en A, Bello, *Escritos Jurídicos, políticos y universitarios,* Ed. Edeval, Valparaíso, 1979, pág. 94. Así, en 1864, consideraba como «el primero de todos los objetos la permanencia de las instituciones que nos rigen». Véase en *Obras Completas de Andrés Bello* volumen XVI, *Textos y mensajes de Gobierno,* Caracas, 1964, pág. 175. Por otra parte, desde el punto de vista jurídico formal, en Bello está presente la idea de que el Estado debe subsistir siempre, cualquiera que sea la forma que adopte. Al referirse a la continuidad institucional comenta: «...una nación, cualesquiera alteraciones que experimente en la organización de sus poderes supremos y en la sucesión de sus principios, permanece siempre una misma persona moral; no pierde ninguno de sus derechos... El cuerpo político subsiste el mismo que era, aunque se presente bajo otra forma...» *Obras Completas de Andrés Bello,* volumen X, *Derecho Internacional,* tomo I, Caracas, 1954, pág. 46.

[8]   Ricardo Donoso, *loc. cit.,* pág. XI.

Gobierno representativo, la libertad de imprenta, los juicios por jurados, la exención de toda carga no consentida. En contraste, «nosotros —afirmaba— nos vimos en la triste necesidad de obrar de otro modo. En los materiales que el régimen colonial de España había dejado a nuestra disposición, había poco o nada de que pudiésemos aprovecharnos para formar constituciones populares y libres. Ningún vestigio de representación nacional, ningún principio de vida interior; una fuerza extraña dirigía sin la menor intervención nuestra los movimientos del cuerpo social, y los dirigía siempre en oposición a nuestros intereses, sacrificando aun los suyos propios al vano objeto de retardar nuestra emancipación. Era necesario crearlo todo»[9].

Pero si bien constataba esa necesidad de hacer todo lo que tuvimos en la independencia, lo hacía lamentándose como de un mal necesario. En todo caso, su criterio de la necesidad de la continuidad histórica de las instituciones lo llevó a condenar, en 1851, las Doctrinas que a mitades del siglo pasado proponían cambios radicales en el sistema político-social[10]. El Estado debía así evolucionar, sí, pero mediante reformas, realizadas conforme al sistema político-social existente e imperante[11].

---

[9]   Véase en «Publicidad de los juicios», en Andrés Bello, *Escritos Jurídicos, Políticos y Universitarios,* Ed. Edeval, Valparaíso, 1979, pág. 94. Por eso afirma en el discurso del presidente de la República, Manuel Montt, en la apertura del Congreso Nacional de 1858 que el Estado chileno se había improvisado «de fragmentos de colonia sin vida propia». Véase *Obras Completas de Andrés Bello,* volumen XVI, *Textos y* mensajes *de Gobierno,* Caracas, 1964, pág. 415.

[10]   En el discurso del presidente de la República, Manuel Bulnes, en la apertura de las Cámaras Legislativas de 1851, señalaba: «Un espíritu de subversión trabaja a las naciones de Europa: quiméricos e irrealizables sistemas las perturban. Las doctrinas desorganizadoras que minan aquellas sociedades (europeas) han empezado a introducirse entre nosotros... Fijad vuestra atención en este mal, ocupaos con tiempo de los medios de evitarlo». Hizo hincapié además en la «importancia de robustecer la autoridad, de armarla contra esas doctrinas disolventes de toda sociedad..., y que son el mal que aflige... a los pueblos civilizados». Véase en *Obras Completas de Andrés Bello,* volumen XVI, *Textos y mensajes de Gobierno,* Caracas, 1964, *pág.* 242.

[11]   Así, en un artículo publicado en *El Araucano,* en 1843, «La realidad y la administración» expresaba «... en las obras de adelantamiento y reforma no es dado al Gobierno hacer uso de otros elementos que los que existen y cuando decimos el Gobierno, comprendemos también a la Legislatura; porque en las medidas que ésta tome de su propio motivo, o que adopte por recomendación del Gobierno, tampoco le es dado valerse de otros. Para toda reforma, para toda mejora que se intente sobre un plan vasto y comprensivo, es preciso luchar contra los obstáculos que presenta ya la falta de agentes idóneos, ya lo raro y disperso de la población, en muchas partes del territorio de Chile; ya lo imperfecto y escaso de los medios materiales de comunicación, sin los cuales no puede menos de encontrar tropiezos y experimentar demoras desde el centro hasta los últimos ángulos de la República; sin hablar ahora de las resistencias que nacen de hábitos inveterados, que han convertido, por decirlo así, en derecho el abuso y en privilegio de los particulares el daño público; sin hablar de las preocupaciones rutinarias que claman contra las innovaciones o que las minan sordamente; y sin tomar en cuenta la todavía poco esforzada cooperación del espíritu público, que en otras partes ejecuta, o contribuye poderosamente a ejecutar, lo

Bello fue así conservador, evolucionista y reformista. «Ni todo ha de dejarse por antiguo —afirmaba—, ni todo ha de despreciarse por nuevo, y es preciso dar lugar a la razón para que determine las cosas, a fin de que se admita siempre lo más conveniente y útil, lo más equitativo y justo, sin pararse en la recomendación de lo viejo, ni en la aparente brillantez de lo moderno»[12]. Por tanto, propugnó siempre la transformación de las instituciones, pero tomando en cuenta la realidad en un impulso permanente de perfección[13], donde «...cada trabajo, cada mejora, no es sino un escalón para nuevo trabajos y para emprender otras mejoras en una escala cada vez más extensa»[14]. El cuerpo social —afirmaba— en esta forma «tomará gradual..., insensiblemente, las formas que correspondan a las circunstancias y al desenvolvimiento progresivo de su vida interior, sin soluciones violentas de continuidad que desarmen la máquina y hagan cada vez más difícil y precaria su reconstrucción»[15].

Por tanto, si bien Bello se opuso a los cambios violentos, no por ello dejó de ser un creyente en la evolución política de nuestros pueblos y en la necesidad de introducir reformas en la realidad jurídico-política, propugnando la necesidad de vencer la resistencia al cambio. Así, en 1855 con motivo de la reforma de la legislación civil chilena, afirmaba: «Casi no hay proyecto útil que como demande alguna contracción y trabajo no se impugne al instante con la antigua cantinela de país naciente, teorías impracticables. No tenemos hombres, etc., objeción que si en algunas materias vale algo, en las más es bosteza de pereza, que injuria a Chile y daña a sus intereses vitales... ¿Quién nos condena,

---

que entre nosotros se quiere que sea la obra exclusiva del Gobierno». Véase en *Obras Completas de Andrés Bello*, volumen XV, *Temas jurídicos* (en prensa).

"Véase en «Administración de Justicia», publicado en *El Araucano*, 1836, en *Obras Completas de Andrés Bello*, volumen XV, *Temas jurídicos* (en prensa).

[13] En el discurso del presidente de la República Manuel Montt en la apertura del Congreso Nacional de 1860 afirmaba: «En la reseña que acabo de haceros de los trabajos de la Administración notaréis que se ha ocupado con preferencia en restablecer la confianza pública y asegurar la tranquilidad interior, pero no por eso ha dejado de llevar adelante la obra de mejora y progreso prudente que el país reclama. En esta parte he huido de las exageradas ideas de los que se imaginan que puede con fruto impulsarse el adelantamiento de un pueblo, sin tomar en cuenta su estado y los elementos que lo constituyen, así como de las de aquellos que, desconociendo el movimiento de progreso a que todos los pueblos obedecen, sólo ven los peligros de las innovaciones, y sin buscar los medios de hacerlas efectivas, dejan con indolente inercia que el curso del tiempo obre por cambios violentos lo que debió ser resultado natural de ese impulso de perfección dirigido con prudencia». Véase en *Obras Completas de Andrés Bello*, volumen XVI, *Textos y mensajes de Gobierno*, Caracas, 1964, págs. 448-449.

[14] Véase en la «Exposición que el general don Manuel Bulnes dirige a la nación chilena» (1851), en *Obras Completas de Andrés Bello*, volumen XVI, cit., pág. 270.

[15] Véase en «Exposición que el presidente de la República Joaquín Prieto dirige a la nación chilena el 18 de septiembre de 1841», en *Obras Completas de Andrés Bello*, volumen XVI, cit., pág. 125.

sino nuestra desidia, a movernos lentamente en larga y tortuosa órbita que han descrito otros pueblos para llegar a su estado presente? ¿No podremos adoptar sus mejoras sociales, sino cuando hayamos completado ese largo ciclo de centenares de años, que ha tardado en desenvolverse el espíritu humano en las otras regiones de la tierra? ¿Estaremos destinados a marchar eternamente tres o cuatro siglos detrás de los pueblos que nos han precedido?»[16].

Con estas ideas analizó, en 1842, las instituciones políticas venezolanas y chilenas de la época y escribió que estos dos países lograron establecer «... un sistema regular político y económico, que lleva a todas las apariencias de estabilidad y todos los gérmenes de adelantamientos». Venezuela y Chile, dice, disfrutaban «... de todos los bienes de la paz pública y del orden legal, a cuya sombra benéfica se desarrollan entre ellos sus instituciones, y crecen cada día en moralidad pública y prosperidad material»[17].

En esta forma puede decirse que un criterio que expone insistentemente fue el de la necesaria correspondencia entre las instituciones estatales y la realidad de la sociedad. Por ello afirma que «el mayor mal de que pueden adolecer los Gobiernos nuevos, y que en las circunstancias en que se hallaba la América era imposible evitar, consiste en su novedad misma, en la falta de armonía entre las instituciones recientes y los establecimientos antiguos»[18]. Por ello, al hablar del valor de las Constituciones afirmaba en forma categórica que no podía esperarse que ellas subsistieran ni que pudieran producir buenos efectos, si sólo eran elaboradas en base a principios teóricos, sin conexión con la realidad[19].

En todo caso, todo cambio violento, en las instituciones, de por sí, lo estimaba perjudicial. Por eso afirmaba que «...todo trastorno empeorará nuestra situación por el mero hecho de sustituir un sistema por otro»[20]. La revolu-

---

[16] *Obras Completas de Andrés Bello*, volumen *XIII, Código Civil de Chile, tomo I, Caracas, 1954,* págs. 25-26

[17] Véase en «Aniversario de la victoria de Chacabuco» en las *Obras Completas de Andrés Bello,* volumen XIX, *Temas de Historia y Geografía,* Caracas, 1957, pág. 119.

[18] Véase en «Publicidad de los juicios» en Andrés Bello, en *Escritos Jurídicos, Políticos y Universitarios, cit.,* pág. 94.

[19] Señalaba así, en 1830, lo siguiente: «Si hay algo completamente demostrado por la experiencia del género humano y especialmente por la de los últimos cuarenta años, es que no debe esperarse subsistencia ni buenos efectos de ninguna constitución modelada por principios teóricos, sin afinidad con aquéllos que por una larga práctica han adherido íntimamente al cuerpo social, y han penetrado sus más ocultos muelles, o trasplantada de un suelo en que ha sido producción indígena a otros en que le falta la influencia de aquel espíritu nacional, de aquellas leyes y costumbres, que se han desarrollado junto con ella y crecido a la par, fortaleciéndose y modificándose mutuamente», Véase en «Publicidad de los juicios» en Andrés Bello, *Escritos Jurídicos, Políticos y Universitarios, cit.,* pág. 92.

[20] *Idem,* pág. 94.

ción debía ser así una evolución[21] conforme a la realidad[22], pues de lo contrario, la transformación radical de las instituciones, por esta falta de correspondencia y por el derrumbamiento sin piedad de tantos establecimientos antiguos, conduce al despotismo. Y éste se encuentra, afirmaba en 1830, recién llegado a Chile, «... donde las leyes no son reglas ciertas, fijas, inmutables; donde hay arbitrariedad, cualquiera que sea el sentido en que se manifiesta; donde una lenidad indiscreta hace impotentes y despreciables las leyes, no menos que donde una magistratura servil o prostituida las hace instrumentos de la tiranía o de la codicia» —allí, concluía— «existe de hecho el despotismo, y derrama su pestífera influencia sobre la virtud y la felicidad del pueblo»[23].

---

[21] Señalaba, en este sentido, que «revoluciones que hayan mejorado verdaderamente la suerte de los pueblos no han sido por lo regular, sino aquellas en que se han aplicado remedios, por decirlo así, caseros a males generalmente sentidos». *Idem, pág.* 92.

[22] La adopción de instituciones políticas nuevas, sin correspondencia con la realidad la estimaba, siempre perjudicial. Afirmaba: «... no se pone en planta para la consecución de estos objetos una máquina enteramente nueva, cuya acción es imposible dirigir y calcular, si no se emplean instrumentos conocidos, en manos acostumbradas a usarlos». *Idem,* pág. 93.

[23] *Idem,* pág. 95.

II

LA IDEA DEL ESTADO

En la obra de Bello puede identificarse, sin duda, una perfecta idea del Estado, como sociedad de hombres, situada en un territorio, gobernada por sí misma (sometida a un conjunto de leyes, y cuyo fin esencial es el logro del bienestar general de sus asociados.

Algunas ideas claves desarrolla Bello que pueden permitimos descubrir su idea del Estado, y éstas se refieren a sus elementos, a la idea de soberanía, al Estado y el orden jurídico, donde la observancia de la ley es el pilar fundamental de su existencia, y a la tarea del Estado en la sociedad.

Veamos cómo Bello desarrolla estos conceptos propios del Derecho Público moderno.

1. ELEMENTOS DEL ESTADO

En su obra *Derecho Internacional* se identifican, con precisión, los diversos elementos del Estado, Afirma así que «Nación o Estado es una sociedad de hombres que tiene por objeto la conservación y felicidad de los asociados; que se gobierna por las leyes positivas emanadas de ella misma y es dueña de una porción de su territorio»[24], En esta definición de Bello hay cinco elementos integrantes de la noción de Estado: una población; un territorio; un Gobierno propio; un conjunto de leyes que rigen para esa población y dentro de su territorio, y unos fines que cumplir, entre los cuales el más importante es el bienestar general.

Un Estado independiente y soberano es «toda nación que se gobierna a sí misma, bajo cualquiera forma que sea y tiene la facultad de comunicar directamente con las otras...»[25]. Por tanto, «la cualidad especial que hace a la nación un verdadero cuerpo político... es la facultad de gobernarse a sí misma, que la constituye independiente y soberana»[26].

---

[24] Véase en *Obras Completas de Andrés Bello*, volumen X, *Derecho Internacional*, tomo I, Caracas, 1954, pág. 31.
[25] *Idem,* pág. 35.
[26] *Idem,* pág. 35.

2. LA IDEA DE LA SOBERANÍA

Particular atención dedica Bello a la idea de soberanía, como elemento esencial del Estado, que permite el gobierno propio de la nación y la primacía del cuerpo representativo de la misma sobre los otros poderes del Estado.

La soberanía de una nación, afirma, consiste «en la existencia de una autoridad suprema que la dirige y representa»[27]. Pero esta autoridad o cuerpo, realmente, es quien representa a la nación, con capacidad de dictar leyes que rigen a todos los ciudadanos. Por ello completa su concepción señalando que «El poder y autoridad de la soberanía se derivan de la nación, si no por una institución positiva, a lo menos por su tácito reconocimiento y su obediencia. La nación puede transferirla de una mano a otra, alterar su forma, constituirla a su arbitrio. Ella es, pues, originariamente el soberano. Pero lo más común es dar este nombre al jefe o cuerpo que, independiente de cualquiera otra persona o corporación, si no es de la comunidad entera, regula el ejercicio de todas las autoridades constituidas y da leyes a todos los ciudadanos, esto es, a todos los miembros de la asociación. De aquí se sigue que el poder legislativo es actual y esencialmente el soberano»[28]. Así pues, la soberanía reside en el conjunto de individuos que forman la nación y ella la transfiere al Cuerpo Legislativo que pasa a ser el soberano.

De la soberanía del Estado resulta su independencia, en el sentido de que ninguna nación puede intervenir en los asuntos de otra, no puede dictar la forma de gobierno o de la administración que deban adoptar otros países, ni las leyes que han de regirla. Por ello afirma que «La independencia de la nación consiste en no recibir leyes de otra»[29]. Esto reafirma su concepción de que la posibilidad de gobernarse a sí mismo por las leyes que ha dictado, es uno de los elementos que distinguen al Estado.

3. EL ESTADO Y EL ORDEN JURÍDICO

Dentro de los elementos del Estado en la noción de Bello está la posibilidad de dictar sus propias leyes, que rijan en su territorio y regulen la conducta de sus ciudadanos. Por tanto, el Estado que trate de imponer a otro sus leyes estará violando la independencia del mismo y cometiendo una agresión que el otro Estado tendrá derecho a repeler.

Bello continuamente se refiere al derecho de los pueblos a dictar sus propias normas jurídicas de acuerdo con sus necesidades y aspiraciones y a organizar sus instituciones del modo que consideren más conveniente. Todos los Estados deben respetar ese derecho y ser fieles al principio de no interven-

---

[27] *Idem*, pág. 32.
[28] *Idem*, págs. 32-33.
[29] *Idem*, pág. 32.

ción en los asuntos de los otros, ya que esto es lo que permitirá que cada uno sea independiente.

Pero si hay una idea constante en todos los escritos de Bello es la relativa al papel del derecho en el Estado y en la vida social.

El derecho, en efecto, lo concibe como «una colección, sistema o cuerpo de leyes»[30], y a la vez como uno de los elementos integrantes del Estado: la existencia de un cuerpo de leyes positivas que dicta para organizar sus poderes y regular la conducta de sus ciudadanos. Existe, por tanto, una estrecha relación entre el Estado y el Derecho: «El Derecho y el Estado —dice— son dos fenómenos que encontramos en toda asociación de hombres, y, aunque el establecimiento de diversos Estados y diversos derechos, considerado históricamente, tiene mucho de accidental y arbitrario, la idea del derecho en general, es lo que ha servido de base a esta diversidad de formas. El íntimo enlace del derecho con el Estado —continúa— proviene de que la idea del derecho no puede entrar en la vida humana, sino por medio del Estado, esto es, de una reunión de hombres sometidos a un poder común, visible y generalmente reconocido; porque es de la esencia del derecho el que la universalidad de los que componen el Estado lo reconozca, y que en consecuencia el poder público, órgano de esta universalidad, vigile y procure su observancia»[31].

4. LA OBSERVANCIA DE LA LEY Y EL PRINCIPIO DE LA LEGALIDAD

Pero si es de la esencia del Estado la existencia del Derecho, la condición para la supervivencia del Estado es el asegurar la observancia de la ley. Por ello Bello, con razón, afirmaba que «...la observancia de las leyes es tan necesaria que sin ella no puede subsistir la sociedad», por lo que «el imperio de la ley» resulta esencial para la propia existencia del Estado[32].

---

[30] *Idem*, pág. 17.

[31] Véase en *Obras Completas de Andrés Bello*, volumen XIV *Derecho Romano*, Caracas, 1959, pág. 295.

[32] En un artículo sobre «Observancia de la ley», publicado en *El Araucano*, en 1836, Bello señalaba: «Si la observancia de las leyes es tan necesaria que sin ella no puede subsistir la sociedad, ésta impone una obligación estrecha a cada uno de sus individuos de cumplir con lo que respectivamente le corresponde, y no hay títulos, no hay consideraciones bastantes que los releven de esta obligación, desde la primera autoridad hasta el encargado más subalterno, ya se considere la administración general de una república, ya el poder de administrar justicia, desde el dueño de la mayor fortuna hasta el más destituido de facultades. Desde el que se halla en el colmo de los honores y distinciones hasta el más oscuro habitante comprende el imperio de la ley. Véase en Andrés Bello, *Escritos Jurídicos, políticos y Universitarios, cit.*, pág. 73. Por ello, en 1841 en la Exposición del presidente de la República, Joaquín Pietro, que dirigió a la nación chilena el 18 de septiembre de 1841 hablaba de «el religioso respecto a la ley» como una de las excelencias de las instituciones republicanas. Véase en *Obras Completas de Andrés Bello*, volumen XVI, *Textos y mensajes de Gobierno*, Caracas, 1964, págs. 121-122.

Pero esta necesaria observancia de la Ley no es sólo una obligación de los individuos «de cumplir con lo que respectivamente le corresponde», sino también un deber de las autoridades públicas de cualquier nivel[33], La concepción del principio de la legalidad propio del derecho público contemporáneo, según la cual todas las actuaciones del Estado deben ajustarse a las prescripciones del ordenamiento jurídico, estaba ya en las ideas de Bello. El Estado de Derecho exige así que (todos los Poderes del Estado estén sometidos a las leyes y esto lo afirmaba Bello en 1836 en la siguiente forma: «Los mismos encargados de dar las leyes, el Gobierno supremo a quien *corresponde sancionarlas*, están ligados en el ejercicio de sus altas funciones a leyes que no pueden traspasar; porque, si bien una disposición legal puede derogarse, mientras ella subsiste, por ninguno debe respetarse tanto, cuanto por aquellos que, infringiendo las leyes, no harían otra cosa que minar las mismas bases sobre que su autoridad descansa»[34].

Al insistir en la sujeción del Estado al derecho, aún en Gobiernos autocráticos, Bello comentaba la frase de «un emperador romano que se juzgaba superior a las leyes» en la cual decía, «aunque no estemos ligados a las leyes, vivimos con ellas», y afirmaba que se trataba de una «sentencia digna de tenerse siempre presente, y que demuestra la necesidad en que se hallan aún los encargados de Gobiernos despóticos, de tener leyes de respetarlas y cumplirlas, porque en esto se interesa nada menos que su existencia política. ¿Cuánto mayor será esta necesidad en Gobiernos regulares, de donde debe estar muy distante todo lo que sea proceder por arbitrio propio?»[35].

Pero, por supuesto, no basta que se dicten leyes que regulen los individuos para que la noción de Estado se actualice según la concepción de Bello; sino que es esencial que esas leyes se cumplan y se respeten, pues de otra forma carecen de valor.[36] De allí el énfasis que surge de diversos escritos de

---

[33] Véase en «Observancia de la ley», en Andrés Bello, *Escritos Jurídicos, Políticos y Universitarios, cit.,* pág. 73. Al comentar la institución del indulto, por ejemplo, insistía en esta *idea:* «No se da a ninguna autoridad pública el derecho de indultar a los reos, o de conmutarles la pena, para que lo ejerzan arbitraria y caprichosamente. Semejante-conducta no tendría nada de extraño en los Gobiernos donde todo pende de la voluntad de un déspota. Pero donde mandan las leyes, todo debe estar sujeto a reglas; y el indulto de un reo no es un acto individual de clemencia, sino una excepción que, por el mismo hecho, se concede a todos los reos que se hallen en circunstancias análogas. Si el Congreso, pues, obra racionalmente, y no por mero humor o capricho y si indulta de la pena capital a un monstruo... es menester que extienda la misma gracia a todos los delincuentes de igual gravedad que imploren su clemencia». Véase en «Indultos» *(El Araucano* 1832) en *Obras Completas de Andrés Bello,* volumen XV, *Temas Jurídicos* (en prensa).

[34] Véase en «Observancia de la ley», en Andrés Bello, *Escritos Jurídicos, Políticos y Universitarios, cit.,* pág. 73-74.

[35] *Idem,* pág. 74.

[36] *Idem.*

Bello sobre la observancia de la ley a lo que dedicó un importante artículo de *El Araucano*, en 1836. «No son las leyes solas las que forman la felicidad de los pueblos, sin el amor, sin el respeto, sin las consideraciones todas que deben profesarles los individuos de una nación», decía, y agregaba que «sin la acción firme y severa de los magistrados destinados para hacerlas cumplir, las leyes son sólo un vano simulacro, y lejos de proporcionar utilidad alguna sería mejor que no existiesen, porque su desprecio a medida que crece y se generaliza, destruye todo principio de moralidad y aleja las últimas esperanzas de mejora, no pudiendo asegurarse, que otras leyes dictadas para hacer observar las desatendidas tengan mejor suerte que las que tuvieron éstas. La obra, pues, del arreglo de la sociedad y de los bienes todos que en ella buscamos debe hacerse con el concurso simultáneo de las leyes, de los magistrados y de los individuos todos de la sociedad misma: quien cumple con los preceptos de la Ley hace todo cuanto debe hacer por el servicio de su patria; el que los desatiende hace de su parte cuanto puede por la ruina de esa patria que tal vez cree amar, no observen las leyes, infrínjalas cada uno según voluntad, sea la de cada individuo de la sociedad la única regla de las acciones, y en ese mismo punto la sociedad desaparece, un caos insondable de desorden se presenta, y la seguridad y la propiedad y el honor pierden todo su apoyo; y es destruido todo cuanto hay necesario y amable sobre la tierra»[37].

Estas palabras parecerían dichas en la actualidad, cuando por razones políticas vemos con tanta frecuencia la violación de leyes y no precisamente por el Estado, sino por variados grupos de intereses. Pero Bello, como si fuera hoy mismo continúa: «Si la ley y la sujeción a ésta son tan necesarias, puede decirse... que ellas son la verdadera patria del hombre y todos cuantos bienes puede esperar para ser feliz. No es ciertamente patria por sí solo el suelo en que nacimos, o el que hemos elegido para pasar nuestra vida, ni somos nosotros mismos porque nos bastamos a todas nuestras necesidades, ni los hombres que viven con nosotros considerados sin ley, porque ellos serían nuestros mayores enemigos: es, pues, nuestra patria esa regla de conducta que señala los derechos, las obligaciones, los oficios que tenemos y no debemos mutuamente: en esa regla que establece el orden público y privado; que estrecha, afianza y da todo su vigor a las relaciones que nos unen, y forma ese cuerpo de asociación de seres nacionales en que encontramos los únicos bienes, las únicas dulzuras de la patria: es, pues, esa regla la patria verdadera y esta regla es la ley sin la cual todo desaparece. Después de esto, ¿puede fingirse siquiera el amor a la patria sin amor a las leyes? Discúrrase como se quiera; fórmense grandes proyectos de establecimientos útiles, haya valor para pelear contra los enemigos del Estado, y resolución para acometer arriesgadas empresas; si falta el amor a las leyes, todo es nada: se minan

---

[37] Véase en «Observancia de las leyes», en *Obras completas de Andrés Bello*, volumen XV, *cit.* (en prensa).

los cimientos del edificio que se quiere elevar; porque sin la observancia de las leyes, todas las ventajas son puras quimeras»[38].

No podríamos encontrar mejor canto al derecho y a las leyes, ni frases más exactas sobre el valor del orden institucional y su observancia, en una República. Y no olvidemos la enseñanza: por mejores que sean las intenciones de los gobernantes, por excelentes que sean los Planes de la nación, por más suficientes que sean los recursos con los cuales contemos, no podremos avanzar en las sendas del desarrollo, sin un orden institucional jurídico-político establecido para ello. De resto, no sólo seguirá habiendo fracaso y frustración, sino que como Bello decía, no tendremos patria.

5. EL PAPEL DEL ESTADO

En su concepción del Estado, resulta esencial su idea acerca del papel o tarea fundamental de la institución pública: «la conservación y felicidad» de los ciudadanos, la idea del bienestar o «interés general de la comunidad»[39]. De allí su afirmación absoluta de la primacía del interés general sobre el particular: «todo lo que sin causar un gravamen notable a persona alguna cede en beneficio general de la especie humana, es favorable, y lo contrarío es odioso; todo lo que tiende a la utilidad común y a la igualdad de las partes, es favorable y lo contrario es odioso...»[40].

Pero, por supuesto, su concepción sobre el papel del Estado en la sociedad y la economía, se sitúa dentro de la corriente liberal imperante en la primera mitad del siglo pasado. Por ello, el papel fundamental del Estado en la conservación del orden, y su carácter relativamente abstencionista en el campo de las relaciones económicas, que propugnaba. En el campo social, sin embargo, daba una importancia preponderante a la instrucción que debía ser fomentada por el Estado.

---

[38] *Idem.* Sobre este punto, además, Bello comenta las condiciones que debe reunir la observancia de la Ley para cumplir su cometido: «Si es tal la observancia de las leyes que en ella sola estriba la felicidad de los Estados, en esta observancia debe fijarse toda la consideración del Gobierno y de los ciudadanos; pero ella debe ser general, estricta y cuidadosa: sin estas calidades no hay que pensar en su subsistencia. Debe ser general la observancia de las leyes, y esta generalidad ha de entenderse bajo dos aspectos verdaderamente importantes: el uno que mira a las personas, que deben observar, el otro que se dirige a las cosas respecto de las cuales se prescribe la observancia; porque si hay personas que se sustraigan del cumplimiento de las leyes y esto se autoriza, o cosas respecto de las cuales se cometen infracciones y éstas se disimulan el espíritu de la observancia decae, los escándalos se multiplican, se familiariza el pueblo con la desobediencia, y el desprecio de la ley llega a mirarse a veces con frialdad y en ocasiones con gusto».

[39] Véase en «Discusión sobre el efecto retroactivo de la ley con ocasión de la reforma del reglamento de elecciones», en *Obras Completas de Andrés Bello*, volumen XV (en prensa).

[40] *Obras Completas de Andrés Bello*, volumen X, *Derecho Internacional*, tomo I, Caracas, 1954, págs. 180-181.

A)   *La conservación del orden*

En cuanto al orden institucional, vinculado a la continuidad histórica del proceso político y al respeto de la legalidad, Bello trató el tema en varios escritos. «Un Gobierno legalmente constituido por la nación para regir sus destinos» —decía— marca «la senda del orden constitucional»[41] y «el orden asociado con la libertad» conduce a «la perfección del sistema social»[42]. Por ello, decía, la desorganización política de la sociedad, cuando facciones se disputan y ocupan alternativamente la autoridad suprema, produce la pérdida de «toda idea de legalidad y de respeto al poder y se hace imposible caracterizar los actos ni las personas que se suceden. En este peligroso juego en que se trata de usurpar un poder que la nación no ha acordado a nadie, los vencidos cambian de puesto con frecuencia con los vencedores, sin que sea posible considerar a los unos más culpables o más inocentes que a los otros: despreciadas las leyes, trastornada la autoridad legal, no hay medio de juzgar a nadie»[43].

Estos peligros de desorden, por supuesto, los observaba Bello en los «Estados nuevos en que el orden —decía— no reposa todavía en bases bastantes sólidas, en que el respeto de la ley y a la autoridad no han logrado el afianzamiento que trae el curso del tiempo» y, por ello, «son con alguna frecuencia, presas de discordias civiles»[44].

En todo caso, esta idea del orden es tan importante para Bello, porque sin él «la libertad es licencia, el Gobierno anarquía y el Estado presa de facciones que lo desgarran y se disputan sus ensangrentados fragmentos»[45]. Para preservar el orden y proveer a su conservación, Bello sostenía que «cada nación tiene derecho» a adoptar «medidas de seguridad contra cualquier peligro»[46]. Sin embargo, consideraba que debía actuarse con gran «circunspección» cuando se trataba de sujetar los derechos y libertades públicas a «providencias excepcionales»[47].

En todo caso, en relación a la importancia del orden señalaba que «la confianza pública en la tranquilidad, en la estabilidad del orden interior, es de tanta importancia, es de tan poderosa influencia en la prosperidad del

---

[41]   Véase lo escrito en 1851 en *Obras Completas de Andrés Bello*, volumen XXII, *Derecho Internacional*, tomo IV, Caracas, 1969, pág. 351.

[42]   Véase lo escrito en 1830 al comentar la «Revolución de julio de 1830, en París», en *Obras Completas de Andrés Bello*, volumen XIX, *Temas de Historia y Geografía*, Caracas, 1957, *pág.* 99.

[43]   Véase lo escrito en 1851 en *Obras Completas de Andrés Bello*, volumen XXII, *cit.*, pág. 350.

[44]   Véase lo escrito en 1852 en *Obras Completas de Andrés Bello*, volumen XXII, *cit.*, pág. 458.

[45]   Véase en «Don Mariano Egaña», en *Obras Completas de Andrés Bello*, volumen XIX, *cit.*, págs. 383-384.

[46]   Véase en *Obras Completas de Andrés Bello*, volumen X, *cit.*, pág. 39.

[47]   Véase en *Obras Completas de Andrés Bello*, vol. XXII, *cit.*, pág. 329.

país, en sus adelantos en todos los ramos, e impone su conservación tan inmensa responsabilidad para con la patria, que la mesura y circunspección en medidas que pudieran debilitarla, son exigidas no sólo por la conveniencia pública, sino por un deber, y ante un deber, necesario es que cedan los sentimientos de benevolencia»[48]. De esto resulta que, en su criterio, toda política que pudiera disminuir el orden interno o la seguridad del país debía ser eliminada, por más buenos resultados que proporcionara en otro sentido y, además, los Gobiernos debían tener la posibilidad de recurrir a medidas o poderes extraordinarios para resguardar a la nación de un poder anárquico o de un período de crisis. En momentos de emergencia decía, es preciso que el Estado cuente con una autoridad «robustecida en sus medios de acción»[49]. Entre las instituciones más importantes para garantizar el orden y la seguridad interior se encuentran, según Bello, el Ejército y la Guardia Nacional o Cívica. Del primero, Bello afirma que siempre se comporta como un «celoso defensor» del orden público y de las instituciones republicanas salvo casos excepcionales en los cuales algunas guarniciones han traicionado este deber dando el escándalo de un motín militar, como ocurrió en Chile en varias oportunidades[50] En cuanto a la Guardia Cívica afirma que es «una poderosa garantía de libertad y paz interior»[51].

En definitiva, estimaba que «el orden público, la seguridad interior y exterior... (son)... el amparo de todas las propiedades y el aliciente de todas las industrias»[52].

B) *La acción estatal en la economía*

Pero, señalábamos, el papel del Estado, aún en sistemas liberales, no se reduce a la sola conservación del orden, sino que en una forma u otra, interviene en el campo económico y social.

Bello respondía, en materia económica, al pensamiento liberal —revolucionario en la época—, en el cual se reducía al mínimo la intervención del Estado, pero en el campo social le daba un papel preponderante, en especial,

---

[48] Véase el «Discurso del presidente de la República (Manuel Montt), en la apertura del Congreso nacional de 1854», en *Obras Completas de Andrés Bello*, volumen XVÍ, *Textos y mensajes de Gobierno*, Caracas, 1964, pág. 314.

[49] Véase el «Discurso del presidente de la República (Manuel Montt) en la apertura del Congreso nacional de 1859», en *Obras Completas de Andrés Bello*, volumen XVI, *cit.*, pág. 420.

[50] Véase el «Discurso del presidente de la República (Manuel Bulnes) en la apertura de las Cámaras Legislativas de 1851», en *Obras Completas de Andrés Bello*, volumen XVI, *cit.*, págs. 237-238.

[51] *Idem*, pág. 239.

[52] «1844-1854, privilegios e hipotecas. Relación de créditos», en *Obras Completas de Andrés Bello*, volumen XVII, *Labor en el Senado de Chile*, Caracas, 1958, pág. 288.

en materia de educación, pues consideraba que el Estado estaba en el deber de sostenerla como uno de sus principales deberes[53].

En materia económica, Bello consideraba que el Estado debía intervenir para establecer las reglas para garantizar a todos el ejercicio de la libertad económica y fomentar ciertas actividades económicas, pero sin perturbar el libre juego de la oferta y la demanda. Así, en la Exposición del Presidente de la República a la nación chilena, en 1841, afirmaba: algunos dirán que la prosperidad «...se debe a la espontánea evolución de elementos que no han sido creados por el Gobierno, y yo les responderé que la primera y casi la única gloria de los Gobiernos es remover los estorbos a esa evolución espontánea; y que la remoción de esos estorbos no puede obtenerse sin atinadas providencias, sin combinaciones difíciles, cuyos autores tienen que combatir a menudo con preocupaciones envejecidas, con exageradas teorías, y con ráfagas de impopularidad, en que no pocas veces zozobran»[54].

Por otra parte, estimaba que el Gobierno debía estimular la creación de industrias, y entre los mecanismos para lograr esto, Bello planteaba que se podrían «conceder auxilios», pero advertía: «Muy parco debe ser el Gobierno en conceder auxilios para introducir industrias. Su acción en estos casos pue-

---

[53] En tal sentido GUILLERMO FELIÚ CRUZ, en el Prólogo al volumen XVI de las *Obras Completas* señala «en Bello el concepto de la administración pública sufrió transformaciones. Durante los diecinueve años de permanencia en Londres la observancia de las intenciones inglesas modificó algunos de sus puntos de vista acerca de lo que podría llamarse su filosofía política administrativa. La modificación más fundamental de todas fue la que incidía en la restricción, por ejemplo, no alcanzaba a la educación. Bello le concedía la obligación ineludible de sostenerla, como uno de sus principales deberes... La educación era uno de los actos del Estado en que Bello no aceptaba ninguna limitación. Tampoco en la administración de justicia. Durante los diecinueve años que estudió y se familiarizó en la capital londinense con las instituciones inglesas, en el cerebro de Bello surgieren reflexiones sobre las responsabilidades sociales del Estado, de acuerdo con la psicología individualista de ese pueblo.
Continúa FELIÚ CRUZ señalando que para Bello el Estado tenía «deberes fraternales y filantrópicos que cumplir» en las sociedades americanas.
En los nuevos Estados americanos era preciso «que la ley tuviera un sentido impersonal; que la función pública fuera ejercida como un honor; que la sociedad se estructurara civilmente; que la Administración Pública fuera adaptada a las nuevas instituciones. Pero sobre las antiguas, sin despreciarlas, por el solo hecho de ser del viejo régimen, debían levantarse las nuevas. Bello comprendió lo difícil de la empresa que había que realizar. Sus concepciones doctrinales individualistas sobre los límites de la acción del Estado, ¿podían ser aplicadas a los nuevos Estados? Las realidades que ellos señalaban... que tantos males sólo podía corregirlos la intervención del Estado... Bello se decidió por darle al Estado el influjo que le correspondía en una sociedad anarquizada. Su política fue ecléctica cada vez que debió encarar una reforma. Siempre se condujo como un liberal conservador», en *Obras Completas de Andrés Bello*, volumen XVI, *cit.*, págs. LXXVII, LXXVIII.

[54] Véase la «Exposición que el presidente de la República (Joaquín Prieto) dirige a la nación chilena el 18 de septiembre de 1841», en *Obras Completas de Andrés Bello*, volumen XVI, *cit.*, pág. 141.

de perturbar las especulaciones privadas, lo que es un grave inconveniente. Sin embargo, en ocasiones, auxilios concedidos con discreción producen resultados ventajosos»[55].

En el campo del comercio señalaba que «... el elemento esencial protector del comercio es la seguridad, el establecimiento de reglas fijas para el cobro de los derechos que lo graven»[56]; y en este campo hacía hincapié en la necesidad de establecer un régimen de aduanas donde se eliminasen o moderasen los impuestos contrarios «al desarrollo de la industria nacional y del comercio en general» y se simplificasen los trámites, concediendo «todo género de franquicias sin perjuicio de las rentas»[57], es decir, los impuestos aduaneros debían tener por finalidad proporcionar ingresos al Estado, proteger el comercio y también impulsar el desarrollo de la industria del país.

C) La instrucción

La obra de Bello nos muestra una insistencia en la importancia de la instrucción y educación del pueblo. Ella, en las propias palabras de Bello «... prepara a los hombres para desempeñar en el gran teatro del mundo el papel que la suerte les ha destinado, es la que enseña los deberes que tenemos para con la sociedad como miembros de ella, y los que tenemos para con nosotros mismos, si queremos llegar al mayor grado de bienestar de que nuestra condición es susceptible»[58]. Vemos, pues, que la educación es el medio para lograr el progreso de cada uno y de la sociedad en general.

Bello, además, asociaba el poder de los países con su adelantamiento científico y tecnológico y, por tanto, la debilidad, con la ignorancia y el atraso, de allí su frase: «conocimiento es poder»[59]. Por ello era partidario de una educación completa: de la instrucción religiosa y moral y de la «educación intelectual», como la llama Rafael Caldera[60].

La instrucción religiosa y moral ocupaba un papel principal en el concepto de Bello: «La moral —decía— es la vida misma de la sociedad»[61]. En la

---

[55] Véase el «Discurso del presidente de la República (Manuel Montt) en la apertura del Congreso nacional de 1857», en *Obras Completas de Andrés Bello*, volumen XVI, *cit.*, pág. 390.

[56] Véase la «Memoria que el ministro del Estado en el Departamento de Relaciones Exteriores (Manuel Camilo Vial) presenta al Congreso nacional» de 1848 en *Obras Completas de Andrés Bello*, volumen XVI, *cit.*, pág. 598.

[57] Véase el «Discurso del presidente de la República (Manuel Bulnes) en la apertura de las Cámaras Legislativas de 1851», en *Obras Completas de Andrés Bello*, volumen XVI, *cit.*, pág. 240.

[58] Véase «Educación» en Andrés Bello, *Escritos Jurídicos, Políticos y Universitarios, cit.*, pág. 189.

[59] Véase en *Obras Completas de Andrés Bello*, volumen XII, *Código Civil de la República de Chile*, tomo I, Caracas, 1954, pág. 26.

[60] Caldera, Rafael; *Andrés Bello, cit.*, págs. 168-169.

[61] Véase el «Discurso pronunciado en la instalación de la Universidad de Chile el 17 de septiembre de 1843», en Andrés Bello, *Escritos Jurídicos, Políticos y Universitarios, cit.*, pág. 202.

educación que debía darse al pueblo Bello consideraba que los principios de la religión eran lo primero que tenía que enseñarse, ya que «... sin ellos no podríamos tener una norma que arreglase nuestras acciones, y que, dando a los extraviados impulsos del corazón el freno de la moral, nos pusiese en aptitud de llenar nuestros deberes para con Dios, para con los hombres y para con nosotros mismos»[62]. De esto se desprende que haya dicho: «... no hay materia alguna que tenga tanto derecho a la consideración del Gobierno y de las Cámaras, como la instrucción religiosa y moral del pueblo»[63].

En cuanto a la «educación intelectual» lo fundamental para Bello era que se desarrollasen las facultades intelectuales del hombre, que se desarrollase su capacidad de observación para que pudiera asimilar los conocimientos necesarios para investigar «la verdad» en la ciencia y en los negocios de la vida»[64].

Por otra parte, Bello dedica gran parte de su obra a elogiar los beneficios que proporciona la enseñanza primaria como mecanismo para promover el progreso y la felicidad humana; a menudo se leen en sus escritos textos como el siguiente: «A medida que el país progresa, que los intereses materiales se desarrollan, la necesidad de proveer al fomento y difusión de la instrucción primaria de una manera eficaz, es más apremiante. Ese progreso, ese desarrollo no se obran por sí; son el resultado de la acción combinada de varias causas, y una de las más poderosas es la acción, la participación de los habitantes. Mientras la ignorancia domine en gran parte de éstos, mientras una enseñanza que los eleve y moralice no los haga más aptos, no despierte más su actividad, no les aliente, el adelantamiento del país sufrirá...»[65].

La instrucción primaria debía contar con una organización y una renta permanente para llevarla a todas las zonas del Estado y darle el impulso requerido. Así lo manifestaba el propio Bello cuando dice: es una «... necesidad... que deis a la instrucción primaria una organización fija y permanente, y... que arbitréis los medios de proporcionar los fondos que, para difundirla y generalizarla conforme a las necesidades del Estado, son necesarios, Este es quizá el mejor medio de poner a cubierto la sociedad de los peligros de la época, y de asegurar a la República un brillante porvenir»[66]. Además afirma-

---

[62] Véase «Educación» en Andrés Bello, *Escritos jurídicos, Políticos y Universitarios, cit.*, pág. 196.

[63] Véase el «Discurso que el presidente de la República (Manuel Bulnes) dirige al Congreso nacional (año de 1844)», en *Obras Completas de Andrés Bello*, volumen XVI, *cit.*, pág. 158.

[64] RAFAEL CALDERA: *Andrés Bello, cit.*, págs. 168-169.

[65] Véase el «Discurso del presidente de la República (Manuel Montt) en la apertura del Congreso nacional de 1854», en *Obras Completas de Andrés Bello*, volumen XVI, *cit.*, págs. 323-324.

[66] Véase el «Discurso del presidente de la República (Manuel Montt) en la apertura del Congreso nacional de 1S52», en *Obras Completas de Andrés Bello*, volumen XVI, *cit.*, págs. 282-283.

ba: «Menester es... la creación de una renta especialmente destinada a la instrucción primaria, para darle el impulso que merece. No es ésta una de aquellas necesidades cuya satisfacción puede postergarse sin grave perjuicio del Estado»[67].

Pero así como se requería de una organización fija que poseyera los fondos suficientes para atender el derecho de educarse que tenían los habitantes también era indispensable, según Bello, que hubiera colaboración por parte de las diversas entidades públicas y privadas en la realización de esta empresa, pues sin ella sería imposible el éxito: «La instrucción primaria no puede estar convenientemente difundida y sistemada mientras la Ley no haga concurrir a esta obra al Estado con su inspección superior, a las Municipalidades con su dirección inmediata y a los particulares con la parte que en ella deben tomar, y a todos respectivamente con la erogación de fondos que le constituyan una renta especial y permanente»[68]. En opinión de Bello la enseñanza primaria era una necesidad para todos los ciudadanos, era la mínima educación requerida para alcanzar su felicidad, cualquiera que fuera su condición social, pero, sobre todo, era esencial para que la clase trabajadora tuviera un nivel de vida aceptable y conociera sus derechos. Para Bello el círculo de conocimiento de esta clase no debía tener más extensión que las que exigieran sus necesidades, ya que lo demás sería perjudicial, porque —decía— «... además de no proporcionarse ideas que fuesen de un provecho conocido en el curso de la vida, se alejaría a la juventud demasiado de los trabajos productivos»[69].

Las personas de mayores recursos poseían otros medios para obtener una educación más amplia, pues su forma de vida les exigía una mayor instrucción para poder satisfacer sus necesidades. Estos individuos con una enseñanza superior estarían preparados para desempeñar los cargos en la administración del Estado y para impulsar los adelantamientos científicos, tecnológicos, artísticos, literarios, etc. Bello expresaba «... si la instrucción primaria es necesaria a la generalidad de los ciudadanos, la instrucción de otro orden no es menos esencial para los individuos que pueden consagrar más tiempo al cultivo de la inteligencia, y que quieran habilitarse para variadas ocupaciones y profesiones. Además, la organización y servicio de la administración de un Estado en los presentes tiempos por reducidos que sean, exige un gran número de individuos preparados por estudios anteriores. Sea en provecho de una porción considerable de ciudadanos, sea en

---

[67] Véase el «Discurso del presidente de la República (Manuel Montt) en la apertura del Congreso nacional de 1853», en *Obras Completas de Andrés Bello*, volumen XVI, *cit.*, pág. 301.

[68] Véase el «Discurso del presidente de la República (Manuel Montt) en la apertura del Congreso nacional de 1859» en *Obras Completas de Andrés Bello*, volumen XVI, *cit.*, pág. 426.

[69] Véase «*Educación*» *en* Andrés Bello, *Escritos Jurídicos, Políticos y Universitarios*, *cit.*, pág. 195.

provecho del buen servicio público, un Estado debe prestar fomento amplio a esa enseñanza elevada...»[70].

Aquí Bello nos recuerda uno de los requisitos que exigen las administraciones modernas: contar con un personal altamente calificado y preparado para llevar a cabo con eficiencia las tareas que tienen encomendadas.

En este campo, por supuesto, Bello hacía especial referencia al papel de la Universidad de Chile, de la cual fue rector desde el momento de su creación, en 1842, hasta su muerte. De ella nos dice; «... inspecciona la enseñanza en todos sus ramos, discute los reglamentos, promueve, examina y califica los textos, representa a la autoridad las necesidades, sugiere reformas y adelantamientos»[71]; es decir, Bello atribuía a las Universidades el papel de entes rectores de los distintos ramos de la educación y de propagador de todos los conocimientos.

6. EL TERRITORIO Y LOS BIENES DEL ESTADO

Como hemos señalado, uno de los elementos esenciales de la noción del Estado en Bello, y en el derecho público moderno, es el territorio, pues todo Estado debe poseer una porción de superficie terrestre en la cual el conjunto de hombres que lo forman, su población, puede alcanzar los fines que se ha trazado y lograr el bienestar general. En esta forma Bello señalaba que, «el territorio de una nación es toda aquella parte de la superficie del globo de que ella es dueño, y a que se extiende su soberanía»[72].

Como autor de derecho internacional, Bello desarrolla el ámbito del territorio del Estado señalando que «comprende, en primer lugar, el suelo que la nación habita, y de que dispone a su arbitrio para el uso de sus individuos y del Estado. En segundo lugar, los ríos, lagos y mares interiores...; en tercer lugar, los ríos, lagos y mares contiguos hasta cierta distancia...»[73]; «en cuarto lugar, las islas circundadas por sus aguas...»[74] y «en quinto lugar, los buques nacionales mercantes, no sólo mientras flotan sobre las aguas de la nación, sino en alta mar; y los bajeles de guerra pertenecientes al Estado, aun cuando navegan o están surtos en las aguas de una potencia extranjera»[75] y agrega que «últimamente, se reputan partes del territorio de un Estado las casas de habitación de sus agentes diplomáticos residentes en un país extranjero»[76].

---

[70] Véase el «Discurso del presidente de la República (Manuel Montt) en la apertura del Congreso nacional de 1853», en *Obras Completas de Andrés Bello*, volumen XVI, *cit.*, págs.. 301-302.

[71] Véase la «Exposición que el general don Manuel Bulnes dirige a la nación chilena» (1851), en *Obras Completas de Andrés Bello*, volumen XVI, *cit.*, pág. 258.

[72] Véase en *Obras Completas de Andrés Bello*, *volumen X, Derecho Internacional, tomo I*, Caracas, *1954, pág. 66.*

[73] *Idem*, pág. 66.

[74] *Idem*, pág. 70.

[75] *Idem*, pág. 71.

[76] *Idem.*

Bello expone además las reglas que deben tenerse presente para determinar cuál es la distancia hasta donde se extiende el territorio de cada Estado en lo referente a los ríos y lagos contiguos, y en cuanto al mar, señala la «regla que está generalmente admitida: cada nación tiene derecho para considerar como perteneciente a su territorio y sujeto a su jurisdicción el mar que baña sus costas, hasta cierta distancia, que se estima por el alcance del tiro de cañón, o una legua marina»[77].

Pero aparte del elemento del Estado, configurado en su territorio, Bello en el Código Civil de la República de Chile de 1855, definió y clasificó los bienes del Estado y de la colectividad de la siguiente forma: «Se llaman bienes nacionales aquellos cuyo dominio pertenece a la nación toda. Si además su uso pertenece a todos los habitantes de la nación, como el de calles, plazas, puentes y caminos, el mar adyacente y sus playas, se llaman bienes nacionales de uso público o bienes públicos. Los bienes nacionales cuyo uso pertenece generalmente a los habitantes, se llaman bienes del Estado o bienes fiscales»[78].

También escribió: «los bienes de la nación son de varias especies. Los unos pertenecen a individuos o a comunidades particulares —como a ciudades, monasterios, gremios— y se llaman bienes particulares; los otros a la comunidad entera y se llaman públicos. Divídanse estos últimos en bienes comunes de la nación, cuyo uso es indistintamente de «todos los individuos de ella, como son las calles, plazas, ríos, lagos, canales: y bienes de la corona o de la república, los cuales, o están destinados a diferentes objetos de servicio público, verbigracia, las fortificaciones y arsenales, o pueden consistir, como los bienes de los particulares en tierras, casas, haciendas, bosques, minas, que se administran por cuenta del Estado: en muebles, en derechos y acciones»[79].

Pero, además, señala Bello que existen una serie de bienes que son comunes a la Humanidad y, por tanto, las naciones deben crear normas jurídicas que regulen su uso, pero ninguna puede apropiarse de ellos: «las cosas que la Naturaleza ha hecho comunes a todos los hombres, como la alta mar, no son susceptibles de dominio, y ninguna nación, corporación o individuo tiene derecho de apropiárselas. Su uso y goce son determinados entre individuos de una nación por las leyes de ésta, y entre distintas naciones por el Derecho Internacional»[80].

---

[77] *Idem*, pág. 68.

[78] Véase el artículo 589 del Código Civil de la República de Chile, de 1855, en *Obras Completas de Andrés Bello*, volumen XII, *cit.*, pág. 415.

[79] Véase en *Obras Completas de Andrés Bello*, volumen X, *cit.*, pág. 50.

[80] Véase el artículo 585 del Código Civil de la República de Chile, de 1855, en *Obras Completas de Andrés Bello*, volumen XII, *cit.*, pág. 410.

III

EL FUNCIONAMIENTO DEL ESTADO

Pero la idea del Estado en Bello no queda, en sus escritos, con la formulación teórica de la institución, sino que también podemos percibir toda una concepción sobre el funcionamiento del aparato estatal: desde su ordenación general mediante la Constitución, la estructuración de la separación de los poderes del Estado, el sistema republicano de gobierno, el sistema de libertades públicas, hasta la forma del Estado y el régimen municipal.

1. LA CONSTITUCIÓN

Andrés Bello, ciertamente, no fue el redactor de la Constitución chilena de 1833, sin embargo, tuvo un papel principalísimo, indirecto, en la elaboración de ese texto, pues sus conocimientos fueron utilizados por sus redactores[81]. Ello le permitió, desde su llegada a Chile, escribir y estudiar sobre las Constituciones como pacto político de las sociedades y ordenamiento central del funcionamiento del Estado, al cual debían sujetarse no sólo los particulares, sino todos los poderes de aquél.

La idea de la supremacía constitucional fue así expuesta por Bello y por ello afirmaba: «La constitución es una traba puesta a las funciones legislativas, tanto como a las administrativas y judiciales»[82]. Todo estaba sometido al texto fundamental.

En todo caso, las Constituciones, en la concepción de Bello, no pueden ser textos inadaptados a la realidad política y social de los pueblos que pretenden ordenar.

Al contrario, pensaba, que las Constituciones debían estar conformes a los sentimientos, a las creencias, a los intereses de los pueblos, y debían ser

---

[81] Véase el trabajo de PEDRO LIRA URQUIETA, *Don Andrés Bello y la Constitución de 1833*, apartado del «Boletín de la Academia Chilena de la Historia», Santiago de Chile, 1950.

[82] Véase en «La detención de los extranjeros», en *Obras Completas de Andrés Bello*, volumen X, *Derecho Internacional*, tomo 1, Caracas, 1954, pág. 482.

39

dictadas por un cuerpo legislativo que representara la voluntad de toda la sociedad y no de un grupo o facción dominante. «Las constituciones escritas —decía— tienen su causa, como todos los hechos. Esta causa puede estar en el espíritu mismo de la sociedad; y la Constitución será entonces la expresión, la encarnación de ese espíritu, y puede estar en las ideas, en las pasiones, en los intereses de un partido, de una fracción social, y entonces la Constitución escrita no representará otra cosa que las ideas, las pasiones, los intereses de un cierto número de hombres que han emprendido organizar el poder público según sus propias aspiraciones»[83]. Por ello Bello estimaba que si una Constitución es elaborada por un hombre o un partido, consultando los intereses de la comunidad, ella puede influir sobre el pueblo, modificar sus costumbres y sus sentimientos, llegando al fin a representarlo[84].

Lo ideal para Bello es, por tanto, que la Constitución surja del seno del cuerpo social, sea su reflejo y su representación, pero señalaba que «...no son a menudo verdaderas emanaciones del corazón de la sociedad, porque suele dictarlas una parcialidad dominante, o engendrarlas en la soledad del gabinete un hombre que ni aún representa un partido; un cerebro excepcional, que encama en su obra sus nociones políticas, sus especulaciones filosóficas, sus preocupaciones, sus utopías»[85]. Pero, por supuesto, no siempre las Constituciones resultan elaboradas así. Por ello, Bello se preguntaba: «¿Hemos afirmado acaso que nunca salgan de las costumbres, ideas, creencias generalmente dominantes?», y se respondía a sí mismo: «Ni aún nos hemos avanzado a indicar que en la mayor parte de los casos no tengan semejante origen; lo que dijimos y lo decimos es que a menudo no lo tienen»[86].

Por otra parte, Bello señala que aun cuando pueda ocurrir que una Constitución sea obra de un pequeño grupo o de un solo individuo que se proponen organizar el Estado de acuerdo a sus intereses y aspiraciones; esa Constitución, al entrar en relación con la realidad social, sufrirá alteraciones y a su vez influirá sobre esa realidad, transformándose mutuamente, llegando a una consonancia, a un amoldamiento entre una y otra, hasta que finalmente la Constitución representará el carácter nacional, «Sucederá en ciertos casos —decía— que la fracción dominante, o los pocos hombres que dominan esa fracción, o en último resultado un individuo solo..., arrostran la empresa de constituir el poder público del modo que les parece más a propósito para hacer triunfar una causa, que puede ser conforme a los votos de la sociedad entera o no serlo. Nos ponemos en el primer caso, que ha sido el de las repú-

---

[83] «Constituciones» en *Obras Completas de Andrés Bello*, volumen XIX, *Temas de Historia y Geografía*, Caracas, 1957, pág. 258.

[84] *Idem*, págs. 256-257.

[85] Véase el comentario de Bello sobre el artículo de JOSÉ VICTORINO LASTARRIA titulado «Bosquejo histórico de la Constitución del Gobierno de Chile durante el primer período de la Revolución», en *Obras Completas de Andrés Bello*, volumen XIX, *cit.*, pág. 226.

[86] «Constituciones», en *Obras Completas de Andrés Bello*, volumen XIX, *cit.*, pág. 255.

blicas americanas. No es lo mismo el fin que los medios: la causa estará en el corazón de la sociedad; los medios entre los cuales es uno de los principales la Constitución escrita, habían salido de unas pocas cabezas, de una sola acaso. Pueden estos medios probar bien o mal; pueden hacer triunfar una causa o destruirla; puede ser necesario alterarlos...; y de estas sucesivas correcciones, mediante la acción recíproca de las leyes sobre el estado social y del estado social sobre las leyes, puede al cabo resultar entre uno u otro la consonancia que al principio no había, y encontrarse en las instituciones políticas la expresión, la imagen de las costumbres, del carácter nacional. Este amoldamiento de las constituciones es un hecho histórico que no pretendemos negar; pero él es la obra del tiempo y no pocas veces se verifica insensiblemente, sin que el texto constitucional se altere»[87]. Sobre este mismo punto también escribió: «Las constituciones son a menudo la obra de unos pocos artífices, que unas veces aciertan y otras no; no precisamente porque la obra no haya salido del fondo social, sino porque carece de las calidades necesarias para influir poco a poco en la sociedad y para recibir sus influencias, de manera que esta acción recíproca modificando a las dos, las aproxime y armonice».

Para Bello, en todo caso, las constituciones deben ser producto de las condiciones sociales, políticas y económicas del país y, por tanto, la Constitución tendrá la orientación del régimen imperante: en un Estado democrático será normal que la constitución sea obra de un Cuerpo Legislativo representativo de toda la sociedad y que fundamentalmente se respeten las garantías individuales y la libertad «... las constituciones —decía— son siempre una consecuencia lógica de las circunstancias..., lógico es, y muy lógico, que un déspota, en la constitución que otorga, sacrifique los intereses de la libertad a su engrandecimiento personal..., lógico es que donde es corto el número de los hombres que piensan, el pensamiento que dirige y organiza esté reducido a una esfera estrechísima. Y lógico es también que los que ejercen el pensamiento organizador lo hagan del modo que pueden y con nociones verdaderas o erróneas, propias o ajenas. Sí, señor, ajenas; venidas de afuera»[88]. Bello hace referencia en este punto al problema del traslado de teorías y de modelos elaborados para otras realidades sociales de acuerdo a sus características propias y para solucionar sus problemas; traslado que puede ser sumamente perjudicial para el país que copia, sin tratar, por lo menos, de adaptar esos esquemas a sus condiciones locales[89]. Esto parecería que todavía es necesario recordárselo a los legisladores de nuestros países que en numerosas ocasiones han experimentado el fracaso que resulta de copiar, para legislar, modelos de desarrollo seguido por otros países, que no pueden servir para realidades

---

[87] *Idem*, págs. 258-259.
[88] *Idem*, pág. 260.
[89] *Idem*, págs. 259-260.

sociales diferentes si antes no se someten a revisiones y adaptaciones para rescatar sólo lo que es aplicable.

De allí la diferencia que surge entre lo que Bello llama la Constitución escrita y la Constitución real. La primera es aquella que «...pudo haberse formulado de mil modos», mientras que la segunda es producto de las costumbres, de los sentimientos, del «... fondo de la sociedad» y ejercer «... una acción irresistible sobre los hombres y las cosas, y con respecto a los cuales el texto constitucional puede o no ser más que una hoja ligera que nada a flor de agua sobre el torrente revolucionario, y al fin se hunde en 61»[90].

2.   LA SEPARACIÓN DE PODERES

La Constitución, como norma suprema del Estado y la Sociedad en la concepción de Bello debía regular básicamente la organización de los poderes del Estado, para asegurar su funcionamiento, el sistema de gobierno y las relaciones entre los poderes y el sistema de libertades públicas.

Dada la influencia del principio de la separación de poderes impuesto por la Revolución francesa, para Bello también, la separación de poderes era un principio fundamental que permitía la conservación de los derechos civiles de los ciudadanos y, por tanto, garantizaba el bienestar de la Sociedad. Por ello afirmaba: «El ensanche de la libertad civil en todos los pueblos civilizados de la tierra es debido casi exclusivamente a la observancia que tiene en ellos el principio de feliz invención que determina y separa los poderes constitucionales...» y agregaba: «Cualquiera que sea la forma de gobierno, la observancia de este principio será la columna de los derechos civiles; y faltando él, no se podrá contar con ninguno de los bienes que deben asegurar al individuo las leyes de una Sociedad organizada»[91]. Así pues, la separación de poderes entre Legislativo, Ejecutivo y Judicial, cada uno con sus atribuciones propias e independientes de los otros, pero ayudándose mutuamente en la tarea de organizar el Estado, para Bello, conforme al pensamiento de la época, a la vez era un freno a los abusos y arbitrariedades que en el ejercicio de sus funciones pudiera cometer alguno de ellos en cualquier momento; abusos que irían en detrimento de las garantías individuales.

Su concepción de la separación de poderes, por tanto, llevaba implícita la idea de cooperación entre los poderes y de control. Sobre la cooperación entre los poderes del Estado, argumentaba en el Mensaje del Presidente Manuel Bulnes al Congreso en 1842, que la Constitución había repartido entre el Congreso «... y el Gobierno el arduo deber de completar la organización del Estado. Los vacíos que se notan en ella, las reformas necesarias para la mar-

---

[90] *Idem*, págs. 260-261.
[91] Véase en «Independencia del Poder Judicial», en Andrés Bello, *Escritos Jurídicos, Políticos y Universitarios*, *cit.*, págs. 85-86.

cha expedita de las instituciones que hemos adoptado, demandan de vuestra parte una laboriosa cooperación para llevar adelante hasta su final complemento el grande edificio levantado por nuestros predecesores»[92].

Pero a la vez, en la contestación al discurso del Presidente, en 1849, Bello hacía referencia al mecanismo de contrapesos y balance entre los poderes, como sistema de control, y afirmaba: «Supóngase que llegase la época en que alguna de las Cámaras estuviese descontenta con la Administración; podía la Cámara decir: el Gobierno no procede con arreglo a la exigencias públicas»[93].

3. EL SISTEMA REPUBLICANO DE GOBIERNO

Pero en la concepción de Bello sobre el Estado, puede decirse que está permanentemente presente su devoción por el sistema republicano de gobierno. Bello, aun cuando conservador, no fue monárquico, sino, al contrario, fue sirviente partidario de la forma republicana de gobierno, y para él, una de las metas principales de todo Estado debía ser el establecimiento y consolidación de instituciones republicanas, que garantizaran el orden interior y el respeto de la libertad y de la igualdad de todos los ciudadanos. De allí su tajante afirmación: «El principio fundamental de la forma republicana es la igualdad de todos los ciudadanos ante la Ley»[94], siendo, pues: «Los gobiernos republicanos...» a la vez «... representantes y agentes de la voluntad nacional»[95].

Ciertamente, durante su permanencia en Londres había sido admirador de la Monarquía como forma de gobierno, bajo cuya conducción habían florecido los imperios europeos. En el ambiente europeo de la época, la Monarquía era el sistema ideal de gobierno. Desde lejos, y recibiendo el espectáculo de nuestras guerras civiles y de independencia, escribía en 1821: «...la Monarquía (limitada, por supuesto) es el Gobierno único que nos conviene, y que miro como particularmente desgraciados aquellos países que sus circunstancias no permiten pensar en esta especie de gobierno. ¡Qué desgracia que Colombia, después de una lucha tan gloriosa, qué desgracia, digo, que por falta de un gobierno regular (porque el republicano jamás lo será entre nosotros) siga siendo el teatro de la guerra civil aún después de que no tengamos que temer de los españoles»[96].

---

[92] Véase el «Discurso del presidente de la República (Manuel Bulnes) en la apertura de las Cámaras Legislativas de 1842», en *Obras Completas de Andrés Bello*, volumen XVI, *Textos y mensajes de Gobierno*, Caracas, 1964, pág. 146.

[93] Véase en «1848-1849 La contestación del discurso del presidente», en *Obras Completas de Andrés Bello*, volumen XVII, *Labor en el Senado de Chile*, Caracas, 1958, pág. 545.

[94] Véase en «1849. Jubilación Civil. Supresión de fueros», en *Obras Completas de Andrés Bello*, volumen XVII, *cit.*, pág. 693.

[95] Véase en «Educación en Andrés Bello, *Escritos Jurídicos, Políticos y Universitarios*, Editorial Edeval, Valparaíso, Chile, 1979, pág. 190.

[96] Véase la Carta a Fray Servando Teresa de Míer en *Obras Completas de Andrés Bello*, volumen XVII, *cit.* Prólogo de Ricardo Donoso, pág. XXII.

Sin embargo, posteriormente, en contacto con América, todos sus escritos en Chile demuestran su creencia de que para las naciones americanas, la monarquía no era el sistema ideal, e insistió repetidas veces en la necesidad de que se establecieran en ellas instituciones republicanas.

Por ejemplo, en 1835 escribía en «El Araucano»: «... juzgamos del mérito de una constitución por los bienes efectivos y prácticos de que goza el pueblo bajo su tutela y no creemos que la forma monárquica, considerada en sí misma, y haciendo abstracción de las circunstancias locales, es incompatible con la existencia de garantías sociales que protejan a los individuos contra los atentados del poder. Pero la monarquía es un gobierno de prestigio; la antigüedad, la transmisión de un derecho hereditario reconocido por una larga serie de generaciones, son sus elementos indispensables, y desnuda de ellos, es a la vista de los pueblos una creación efímera, que puede derribarse con la misma facilidad que se ha erigido, y está a la merced de todos los caprichos populares. Pasó el tiempo de las monarquías en América»[97].

También expuso en su tratado de Derecho Internacional: «La monarquía en esta parte del mundo (América), no podría ser sino un gobierno de conquista, una dominación de extranjeros, costosa a sus autores, odiosa a los pueblos, ruinosa a todos los intereses...»[98].

En base a estas ideas sobre el sistema republicano de gobierno, Bello argumenta sobre sus tres características básicas: representatividad, responsabilidad y alternabilidad.

En cuanto a la representatividad, Bello generalizaba y afirmaba que casi todos los habitantes de los Estados Americanos tienen preferencia por un «gobierno representativo bajo la forma republicana» y, por tanto, asentaba que sea cual fuere el partido político que estuviese en el poder, debía tomar en cuenta este deseo de los pueblos y ponerlo en práctica[99]. En los gobiernos representativos, explicaba Bello, debían estar representados en cuanto sea posible todos los intereses de las clases existentes en la sociedad: «Es de la naturaleza del Gobierno representativo el dar cabida en cuanto es posible a todos los intereses de clase...»[100].

La soberanía, en su concepción reside en la nación, es decir, en el pueblo y en el ejercicio inmediato de la misma mediante el sufragio, el pueblo elige sus representantes para que se encarguen de las tareas de legislar, de administrar y de juzgar, es decir, de la conducción del Estado que él directamente

---

[97] *Idem,* pág. LXII.

[98] *Obras Completas de* Andrés *Bello,* volumen XI, *Derecho Internacional,* tomo II, Caracas, 1959, pág. 410.

[99] *Idem,* pág. 408.

[100] «1843-1846. Terrenos abandonados por el mar», en *Obras Completas de Andrés Bello,* volumen XVII, *cit.,* pág. 164.

no puede realizar. Por lo tanto, como «la soberanía del pueblo no existe sino en el derecho de sufragio»[101] —afirmaba—, era muy importante que las restricciones a ese derecho no fueran tan grandes que llevaran a que sólo una pequeña fracción, nombre los delegados, porque en ese caso, la representación descansaría en «una base electoral limitada y mezquina». Este señalaba, sería el «vicio más grave de que puede adolecer un sistema de gobierno», y «llamar popular» a un gobierno así «es trastornar la significación de las palabras». Por ello, expresaba la «más importante entre las seguridades de la libertad, porque es la raíz y fundamento de las otras, es una representación nacional, que merezca ese nombre»[102], es decir, que descanse sobre una base electoral que incluya a la mayoría de la población[103].

Además de la representatividad, otra de las características del sistema republicano es la responsabilidad de los servicios públicos. Así afirmaba, «...la responsabilidad, la cuenta estricta de todo ejercicio del poder que la asociación ha delegado a sus mandatarios, es un deber indispensable[104].

Los servidores del Estado en esta forma, deben responder por todos los actos que efectúen en el ejercicio de sus atribuciones, y ésta es la «esencia» del sistema republicano: «En la responsabilidad de los depositarios de todo poder —decía— consiste la esencia de las instituciones republicanas...»[105], por lo que «ninguna institución más provechosa para las sociedades que la responsabilidad de los funcionarios encargados de la ejecución y de la aplicación de las leyes. Sin ella, los abusos del poder en cualquier ramo de la administración no tendrían freno, y cuando esta absoluta arbitrariedad no destruyese la existencia misma de la nación, minaría los principios más importantes de su vitalidad, que consisten en la libertad y en la seguridad de los individuos»[106].

Por supuesto, para que la responsabilidad fuera efectiva, requería de mecanismos de control y para ello Bello proclamó como tal la publicidad de los actos de los órganos del Estado. Sólo si éstos eran públicos y se conocían podían controlarse. Por ello afirmaba «una de las bases que constituyen el

---

[101] «Discusión sobre el efecto irretroactivo de la ley con ocasión de la reforma del reglamento de elecciones», en *Obras Completas de Andrés Bello*, volumen XV, *Temas Jurídicos* (en prensa).

[102] *Idem* (en prensa).

[103] Para Bello la restricción del derecho de sufragio constituye un mal grave y propio de los Estados nuevos donde las instituciones no se han afianzado lo suficiente, por cuanto más se consolidan las formas gubernativas cuanto más progresos hace la cultura intelectual y moral, en una palabra, la civilización, vemos que se extiende más y más el derecho del sufragio en todas las naciones libres». Véase en *Idem* (en prensa).

[104] Véase en «Necesidad de fundar las sentencias» en Andrés Bello, *Escritos Jurídicos Políticos y Universitarios, cit.*, pág. 112,

[105] Véase en «Sobre el modo de fundar las sentencias», en *Obras Completas de Andrés Bello*, volumen XV, *cit.* (en prensa).

[106] Véase en «Responsabilidad de los jueces en. primera instancia», en *Obras Completas de Andrés Bello*, volumen XV, *cit.* (en prensa).

sistema representativo y que lo hacen más permanente y duradero, es la publicidad de los actos de los tres poderes en que se divide»[107]. Al exigir esta publicidad, se preguntaba «¿Quién ignora que sin ella todas las garantías constitucionales están expuestas a degenerar en formas vanas? ¿Que ella sola puede contener a los funcionarios públicos en los límites de sus deberes? ¿Que de todos los medios imaginables de resistir a las tentaciones que rodean al poder ninguno hay más eficaz que la observación del público, tribunal incorruptible, que sólo puede errar cuando se le niegan los medios de instruirse? ¿Quién ignora que la publicidad sólo asegura a los Congresos, a los jueces, a las autoridades ejecutivas, la confianza de la nación?»[108]. He aquí, pues, el mejor medio de control sobre los poderes para impedir que se extralimiten en las facultades que la Constitución y las leyes les han asignado.

Por eso Bello es reiterativo: «Si nada congenia más con el despotismo que el misterio, la publicidad de todas las operaciones de los mandatarios del pueblo es el carácter propio de los gobiernos populares y libres»[109].

Pero además de la representatividad y de la responsabilidad, Bello también identificó como característica del sistema republicano de gobierno, la alternabilidad. Así, afirmaba que: «Entre las leyes fundamentales de los Estados, pocas hay de más importancia que las que fijan las reglas de la transmisión del poder político de unas manos a otras»[110].

4.   LAS LIBERTADES PÚBLICAS

La exigencia de una Constitución que sirva de fundamento al Estado, en el cual se estructure un sistema de separación de poderes y de gobierno republicano, presuponen el establecimiento de un conjunto de libertades públicas que, precisamente, son las que justifican el Estado mismo.

La consagración de la libertad y de la seguridad de los individuos, proclama Bello, debe convertirse, con preferencia, en el objeto de «atención de los gobiernos representativos, cualesquiera que sean las diferencias de su Constitución»[111]; y esta atención es de tal significación que, por ejemplo, al

---

[107] Véase la «Memoria en que el Gobierno del Estado Libre de México da cuenta de los ramos de su administración al Congreso del mismo Estado, a consecuencia de su decreto de 16 de diciembre de 1825». Imprenta de Orden del Congreso, México, 1826, en *Obras Completas de Andrés Bello*, volumen XIX, *cit.*, pág. 513. En la cual Bello cita a don Melchor Múzquiz, gobernador del Estado de México.

[108] *Obras Completas de Andrés Bello, volumen XIX, cit., pág. 513.*

[109] Véase en «Publicidad de los juicios, en Andrés Bello, *Escritos Jurídicos, Políticos y Universitarios, cit.*, pág. 96.

[110] Véase en «Sucesión a la Corona de España», en *Obras Completas de Andrés Bello*, volumen XIX, *cit.*, pág. 105.

[111] Véase en «Responsabilidad de los jueces en primera instancia», en *Obras Completas de Andrés Bello*, volumen XV, *cit.* (en prensa).

interpretarse la Constitución, decía, debía darse a sus normas «el sentido más favorable a las garantías individuales»[112].

La libertad, por tanto, en la concepción de Bello, es uno de los principios fundamentales del sistema republicano, ya que sin ella no es posible alcanzar el bienestar de la sociedad. Bello la define como «... el estímulo que da un vigor sano y una actividad fecunda a las instituciones sociales»[113], y agrega que la libertad es «la más activa y creadora de todas las influencias políticas[114], siendo una de las fuerzas sociales que ayuda al desarrollo industrial y social de los pueblos. Ella «se alía con todos los caracteres nacionales, y los mejora sin desnaturalizarlos; con todas las predisposiciones del entendimiento, y les da vigor y osadía; da alas al espíritu industrial, donde lo encuentra; vivifica sus gérmenes, donde no existe»[115].

En fin, la libertad y la seguridad de los individuos constituyen, en opinión de don Andrés Bello, uno de los principios más importantes de la vitalidad de la nación, y constituyen «preciosas garantías que necesitan una salvaguardia»[116].

A la base de todas las libertades públicas, por supuesto, Bello otorga la mayor importancia a la igualdad, que constituye también un pilar fundamental para el sostenimiento de las instituciones republicanas, y de aquí que le otorgue tanta importancia a la conservación de estas libertades. Ello lo lleva a hacer hincapié en cada momento de su actuación como senador y funcionario al servicio de la Administración Pública, sobre la necesidad de crear instrumentos para su conservación y para la limitación de los privilegios que causarán una desigualdad ante la Ley, Para Andrés Bello la igualdad tiene un lugar tan preponderante que incluso llegó a manifestar que ella es la base de un «Estado libre»: «Lo que constituye esencialmente un estado libre es, como todos saben, la igualdad de los ciudadanos ante la ley»[117], igualdad que implica que ninguno puede tener mas privilegios que otro frente a la Ley, Por ello, su oposición a los fueros que con sus palabras son un «... premio que no puede dar la nación a ninguna clase de ciudadanos, porque es un premio que pugna con el espíritu de la Constitución, y de nuestras instituciones»[118].

---

[112] *Obras Completas de Andrés Bello, volumen XXII, Derecho Internacional, tomo IV, Caracas, 1969, pág. 329.*

[113] Véase el discurso pronunciado en la instalación de la Universidad de Chile, el día 17 de septiembre de 1843, en Andrés Bello, *Escritos Jurídicos, Políticos y Universitarios, cit.,* pág. 202.

[114] Véase en «El Gobierno y la Sociedad», en *Obras Completas de Andrés Bello,* volumen XV, *cit.* (en prensa).

[115] *Idem* (en prensa).

[116] Véase en «Responsabilidad de los jueces en primera instancia», en *Obras Completas de Andrés Bello,* volumen XV, *cit.,* pág. 583.

[117] Véase en «Los extranjeros y la milicia», en *Obras Completas de Andrés Bello,* volumen X, *cit.,* pág. 583.

[118] Véase en «1849. Jubilación Civil. Supresión de fueros», en *Obras Completas de Andrés Bello,* volumen XVII, *cit.,* pág. 696.

Lo principal es, pues, que los miembros de la sociedad sean iguales ante la Ley, «... porque la regla de justicia y equidad que mide a todos es una misma sin que pueda admitir variaciones esenciales, por más que sea distinta la condición de las personas»[119]. Ello lo llevó a afirmar en 1836 que por mucho que se exagerase la oposición del sistema político-social de Chile con el de otros pueblos libres, como el de los Estados Unidos de América, la esclavitud lo ensombrecía. Y se preguntaba: «¿se podrá nunca imaginar un fenómeno más raro que el que ofrecen los mismos Estados Unidos en la vasta libertad que constituye el fundamento de su sistema político y en la esclavitud en que gimen casi dos millones de negros bajo azote de crueles propietarios?»[120].

Pero Bello diferenciaba al hablar de las libertades, entre la libertad civil y las libertades políticas y asignaba a cada una un valor preciso, dando preponderancia a la libertad civil.

Pensaba, en efecto, que para los hombres era mas necesario el ejercicio de sus derechos civiles que el de sus derechos políticos, y ello porque los primeros eran los fueros que aseguraban su persona y sus bienes, mientras los segundos eran los que «los habilitan para tomar parte en los negocios públicos»[121]. El hombre, decía prefiere defender primero su vida y propiedad y después participar de la organización del Estado.

Afirmaba así: «Hemos sido hombres, aunque no hubiésemos sido ciudadanos; hemos tenido vidas que defender y propiedades que guardar, aunque hayamos carecido del derecho de elegir nuestros representantes. Cualquier obstáculo, pues, que impide el ejercicio libre de nuestra libertad civil, cualquier ultraje a ella, nos son infinitamente menos llevaderos que las trabas con que se encadena nuestra libertad política; y las leyes protectoras de aquélla producen un bien al que damos mil veces más valor que al que resulta de las que protegen la segunda»[122]. También expresaba: «El expedito ejercicio de los derechos políticos no satisface, sino necesidades muy secundarias, que podemos considerar nulas o muy poco urgentes si el interés individual, que es el resorte más poderoso del corazón humano, no nos mueve a contribuir eficazmente a la observancia de nuestras instituciones fundamentales. El bien de la nación jamás podrá ser buscado, mientras el bienestar individual no se asegure; y este precioso beneficio de la civilización no puede conseguirse sin el goce completo de la libertad civil. Esta libertad es debida exclusivamente a las leyes

---

[119] Véase en «Observancia de la ley», en Andrés Bello, *Escritos Jurídicos, Políticos y Universitarios, cit.*, pág. 73.

[120] Véase en «Las repúblicas hispanoamericanas», en *Obras Completas de Andrés Bello,* volumen X, *cit.*, pág. 424.

[121] Véase en «Responsabilidad de los jueces en primera instancia», en *Obras Completas de Andrés Bello,* volumen XV, *cit.* (en prensa).

[122] *Idem.*

que arreglan la administración de justicia...»[123]. Por lo tanto, para Bello lo más importante para cada hombre es el disfrute de la libertad civil que le permite disponer de su vida y sus propiedades y dedicarse a las actividades de su preferencia.

Gracias a la libertad política los individuos pueden tomar parte en los negocios públicos, participar en la organización del Estado y elegir libremente a nuestros representantes, pero ella carece de importancia sin el goce completo de la libertad civil.

Pero Bello no concebía la libertad como una garantía sin ninguna clase de freno, sino que, por el contrario, esa libertad debía estar regulada y sometida a las leyes. Sólo las leyes podían crear los derechos y sólo ellas podían prever su expiración[124]. El derecho, por tanto, de nuevo se erige en la concepción de Bello, en la regla de juego fundamental de la sociedad, de manera que la libertad no se convierta en licencia. Por ello afirmaba: «el mejor medio de hacer respetar los derechos propios es cuidar religiosamente del respeto de los ajenos»[125]. De lo contrario no habría libertad, sino licencia y ésta sería — decía— el mayor mal «contrario a la libertad nacional: ésta es, propiamente, la facultad de poner en ejercicio todas las acciones justas y honestas, de usar lícitamente de nuestros bienes, de comunicar nuestros sentimientos sin ofensa moral y, en suma, de vivir de tal modo que conservando el libre uso de todas nuestras facultades no perturbemos a otros en el ejercicio de las suyas. Si así no fuese, la libertad no podría absolutamente subsistir: tengan unos licencia para hacer cuanto quieran y, por consiguiente, necesario de esta licencia absoluta, no tendrán oíros facultad para hacer lo que pueden. Si el asesino que acomete al ciudadano pacífico tiene libertad para matarle, éste no tiene la seguridad de su vida, y pensando del mismo modo nos convencemos fácilmente que tomándonos la licencia para lo ilícito, atacamos directamente la libertad de otros, y propendemos nada menos que a destruir los fundamentos del orden social. De lo dicho resulta una consecuencia precisa: tal es la necesidad que tenemos de la ley que modere las acciones, que señale los límites hasta dónde puede llegar la libertad, y que conteniendo los insultos que a ésta puedan hacerse por el abuso de ella misma, permita gozarla a los individuos que con este principal fin están reunidos en sociedad. Si queremos libertad tal cual puede darse sobre la tierra —concluía— es preciso que amemos la sujeción a las leyes: si despreciamos éstas es preciso que seamos enemigos de la libertad...»[126].

---

[123] Véase en «Reforma Judicial», en *Obras Completas de Andrés Bello,* volumen XV, *cit.* (en prensa).

[124] Véase en «Discusión sobre el efecto retroactivo de la ley con ocasión de la reforma del reglamento de elección», en *Obras Completas de Andrés Bello,* volumen XV, *cit.* (en prensa).

[125] Véase «Observancia de la ley», en *Obras Completas de Andrés Bello,* volumen XV, *cit* (en prensa).

[126] *Idem.*

En relación a las libertades públicas, particular importancia atribuyó Bello a la libertad de expresión, a la que consideraba «...primera garantía de las instituciones libres» por lo que sin ella «... todas las otras son vanas»[127]. Consideraba, por tanto, que este derecho tenía una importancia fundamental para la buena marcha de la nación, cuando se cumplía sin abusos y sin extralimitarse. Por eso recomendaba que cada país debía dejar «... a la prensa en el goce de la mayor libertad posible...», de manera que las trabas sólo se establecieran «... cuando sea necesario poner coto a abusos graves y de verdaderas consecuencias perjudiciales al interés común de las naciones»[128].

Por la importancia de la libertad de expresión y de prensa, Bello planteaba la necesidad de leyes que establecieran mecanismos para evitar los abusos que pudieran derivarse de ella. Así señalaba: «La imprenta es un poder inmenso y por desgracia la tendencia de la unanimidad es abusar de todo poder; por más que sea una garantía necesaria la libertad de imprenta, es incontestable que se abusa enormemente de ella»[129]; por tanto —agregaba— «... es un deber de la legislatura aplicar el remedio que esté a su alcance, conciliando las garantías de la libertad de imprenta con las otras garantías no menos preciosas que la Constitución concede a los individuos»[130].

Particular atención otorgó Bello a los excesos en la libertad de expresión cuando pudieran configurarse en ataques injustos contra los funcionarios públicos. En relación a ello, afirmaba: «Lo que legitima la persecución y castigo de los abusos de la imprenta-es el mal que de ellos se sigue, y patente y manifiesto es éste en las injurias que se dirigen al hombre público en el país en que funciona. El funcionario, para cumplir bien sus deberes, necesita del apoyo de la opinión, de la confianza de sus conciudadanos, no sólo en cuanto hombre particular, sino como hombre público; y la prensa injuriándolo, atacando injustamente sus actos administrativos, o de magistrado, le arrebata ese apoyo, subleva en su contra la opinión, y si no le hace imposible el cumplimiento de sus deberes, se lo hace más difícil. Los intereses individuales o de partido que se verá forzado a herir para cumplir con su conciencia, no sólo provocarán frecuentemente esos ataques infundados, sino que le harán el blanco de calumnias y les darán acogida y fomento... Dar protección en este caso al funcionario público, presentarle medios, no sólo de vindicarse, sino de alcanzar el castigo del delito del abuso que se comete por aquellos que intentan robarle su honra, arrancarle la estimación y confianza de sus conciudadanos, era debido y justo y de gran conveniencia pública»[131].

---

[127] Véase el «Mensaje del vice presidente de la República, don Femando Errázuriz, al Congreso nacional (1831)», en *Obras Completas de Andrés Bello*, volumen XVI, *cit.*, pág. 4.

[128] *Obras Completas de Andrés Bello, volumen XXII, cit., pág. 426.*

[129] Véase «1846. Abusos de la libertad de imprenta», en *Obras Completas de Andrés Bello*, volumen XVII, *cit.*, pág. 422.

[130] *Idem*, pág. 423.

[131] *Obras Completas de Andrés Bello*, volumen XXII, *cit.* pág.421.

Por su dilatada obra en materia de derecho internacional público, uno de los derechos más comentados y defendidos por Andrés Bello fue el Derecho de Asilo, al cual definió como «la acogida o refugio que se concede a los reos, acompañado de la denegación de sus personas a la justicia que los persigue»[132]. A partir de esta definición Bello explicaba que el origen del Asilo era la lástima que inspiraba a los países los individuos que cometían una falta que «... por no provenir de una depravación de sentimientos, no daba motivos para considerarlos como enemigos de la Humanidad...»[133]; pero según Bello, para que pudiera darse el asilo era necesario «... que el refugiado sea amenazado con alguna pena por su perseguidor»[134].

Bello, además especificaba algunos casos en que se concedía el asilo: «Se concede generalmente asilo en los delitos políticos o de lesa majestad; regla que parece tener su fundamento en la naturaleza de los actos que se califican con este título, los cuales no son muchas veces delitos, sino a los ojos de los usurpadores y tiranos; otras veces nacen de sentimientos puros y nobles en sí mismo, aunque mal dirigidos; de nociones exageradas o erróneas; o de las circunstancias peligrosas de un tiempo de revolución y trastorno, en que lo difícil no es cumplir nuestras obligaciones, sino conocerlas»[135].

Toda esta enumeración de Bello tenía fundamental importancia en aquella época de continuas revueltas donde a cada momento se presentaban reos a los distintos Gobiernos solicitando asilo, lo que daba origen a reclamaciones por parte del país perseguidor y a frecuentes discusiones a nivel de cancillerías para determinar si el asilo era procedente o no.

Bello era ferviente defensor del derecho de asilo para aquellos hombres que no hubieran cometido «crímenes atroces», ya que el solo hecho de dejar su patria constituía un castigo con el cual pagarían su pena. Así señalaba: «Nada más justo y humano que el que las naciones concedan el amparo de sus leyes a los que no siendo reos de crímenes atroces, buscan un refugio en su seno dejando satisfecha, hasta cierto punto, la justicia del país en que han delinquido, por el solo hecho de abandonar su suelo y sus hogares»[136].

Sin embargo, el derecho de asilo no podía ser demasiado extenso en el sentido de que se abusare de él, sino que era necesario que existieran mecanismos para mantener dentro de ciertos límites a los individuos favorecidos con el asilo: «Sin perjuicio de los socorros que sólo la barbarie puede negar a la desgracia... —decía—, se ha empleado y se emplea la necesaria vigilancia

---

[132] *Obras Completas de Andrés Bello*, volumen XXI, *Derecho Internacional*, tomo III, Caracas, 1969, pág. 242.
[133] *Idem.*
[134] *Idem.*
[135] *Obras Completas de Andrés Bello*, volumen X, *cit.*, pág. 119.
[136] *Obras Completas de Andrés Bello*, volumen XXII, *cit.*, pág. 346.

para que no se abuse de esta hospitalidad organizando medios de ofensa contra los Gobiernos vecinos»[137].

5.   LA FORMA DEL ESTADO

En la obra de Bello puede deducirse también algunos criterios sobre la forma del Estado. Era partidario, en general, de un Estado centralizado, pero a la vez concebía a las municipalidades como expresión de representación popular y de gobierno local. Sus análisis sobre la forma del Estado puede decirse que parten del estudio del régimen colonial que, como se sabe, era un régimen descentralizado y disgregado políticamente hablando. En él —decía— existían una «multiplicidad de resortes» donde cada autoridad tenía sus trabas, cada poder tenía alrededor poderes rivales que continuamente se moderaban y reprimían en forma recíproca. Así constaba que: «En ninguna parte, y en las capitanías generales mucho menos que en los virreinatos, tenía el jefe superior atribuciones omnímodas como delegado de un monarca absoluto. Ninguna autoridad americana representaba completamente al soberano. La esfera en que obraba cada una estaba demarcada cuidadosamente por las leyes. Así la administración colonial, calcada sobre el modelo de la metrópoli, era muy diferente en su espíritu. En la Península, el monarca, desplegando una acción inmediata, se hacía sentir a cada instante, y absorbía los poderes todos, armonizándolos, dirigiéndolos y coartándolos, al paso que en las colonias los jefes de los diversos ramos administrativos, independientes entre sí y a menudo opuestos podían obrar con tanta más libertad, cuanto era mayor la distancia de la fuente común»[138].

Al concluir la independencia de los pueblos hispanoamericanos y empezar la instauración de instituciones republicanas, al contrario de la disgregación colonial, Bello fue partidario de que se organizara un régimen con un

---

[137] Véase la Memoria que el ministro de Estado en el Departamento de Relaciones Exteriores (Ramón Rengifo) presenta al Congreso nacional, año de 1842, en *Obras Completas de Andrés Bello*, volumen XVI, *cit.*, pág. 522.

[138] *Obras Completas de Andrés Bello*, volumen XIX, *cit.*, pág. 329. Véanse el artículo que escribió Bello sobre la Memoria histórico-crítica del Derecho Público chileno *desde* 1810 hasta 1833 de don Ramón Briseño.

Sobre el mismo punto, al comentar la Memoria sobre el primer Gobierno nacional presentada a la Universidad de Chile en 1847 por don Manuel Antonio Tocornal, Bello afirmaba que «el régimen colonial de las Américas consistía en un artificioso antagonismo de poderes independientes unos de otros», entre los cuales estallaban continuos conflictos, y da varios ejemplos de esos conflictos: los virreyes o capitanes generales tenían poder sobre las Audiencias. La dirección de rentas, generalmente se confiaba a los intendentes generales, que eran independientes, a los jefes militares y a las audiencias. La Iglesia era prácticamente un Estado aparte. «Las municipalidades mismas tenían una sombra de representación popular que trababa de cuando en cuando la marcha de los altos poderes». Véase en *Obras Completas de Andrés Bello* volumen XIX, *cit.*, pág. 203, el artículo publicado por Bello de la Memoria sobre el Primer Gobierno nacional de don Manuel Antonio Tocornal.

poder central fuerte capaz de unificar y dar coherencia al país, pero a la vez estuvo consciente de la necesidad de que existiera una administración en cada una de las demarcaciones político-territoriales en que se dividía el país.

En Chile se refirió a las Administraciones provinciales y departamentales y a las municipalidades, y a la necesidad de que en cada una de ellas hubiera una autoridad superior con el carácter de jefe político y de «funcionario administrativo» que diera movimiento a su aparato administrativo, que promoviera e impulsara progresos para sus regiones y que inspeccionara y vigilara todos los ramos del servicio público que estaban obligados a prestar a sus comunidades[139]. Sostuvo Bello la importancia de colocar a las autoridades provinciales y departamentales (intendentes y gobernadores) y a las municipalidades, en una posición favorable otorgándoles cierto grado de autonomía y poder para que pudieran llenar sus numerosos y variados deberes. Además, debía existir una estrecha relación y dependencia entre el Gobierno supremo y las Administraciones ejecutivas de las provincias y departamentos, ya que los intendentes —decía— «son los agentes naturales e inmediatos» del Presidente de la República y están obligados a cumplir sus órdenes e instrucciones, y por su parte, los gobernadores eran los agentes inmediatos de los intendentes[140].

También propugnaba una conexión entre el Gobierno central y las municipalidades, toda vez que aquél podía revisar los actos emanados de éstas dentro de ciertos límites que debían ser fijados por la ley para no entorpecer la acción municipal[141].

En particular, en cuanto a las municipalidades, para Bello tuvieron, desde su creación en América, el carácter de cuerpos representativos del pueblo, encargados de defender los intereses de las comunidades, y ello explica que, al llegar el momento de la independencia de nuestras naciones, ellas desempeñaran un papel fundamental. En 1848, Bello publicó en «El Araucano» un comentario a la Memoria sobre el presbítero José Hipólito Salas en la Universidad de Chile, en el cual expuso: «...en la constitución de las municipalidades americanas, en la especie de representación que se atribuían, y que las leyes mismas reconocían hasta cierto punto en ellas, aún en medio de las trabas que casi paralizaban su acción, y de la suspicacia con que se invigilaban sus actos, había ya una semilla de espíritu popular y republicano, que favorecida por las circunstancias, había de

---

[139] Véase el «Discurso del presidente de la República (Manuel Montt) en la apertura del Congreso nacional de 1856» en *Obras Completas de Andrés Bello*, volumen XVI, *cit.*, pág. 352.

[140] Véase en «Sobre las Intendencias y Gobernaciones», en *Obras Completas de Andrés Bello*, volumen XV, *cit.* (en prensa).

[141] Véase el «Discurso del presidente de la República (Manuel Montt) en la apertura del Congreso nacional de 1858», en *Obras Completas de Andrés Bello,* volumen XVI, *cit.*, pág. 400.

desenvolverse y lozanear. Así es que en las primeras revoluciones de los pueblos hispanoamericanos hicieron siempre un papel principal las municipalidades...»[142].

También escribió, en 1850, al comentar la Memoria Histórico-Crítica del Derecho Público chileno desde 1810 hasta 1833 presentada por don Ramón Briseño, que: «de todas las instituciones coloniales la que presenta un fenómeno singular es la municipalidad, ayuntamiento o cabildo» y señala que la «desconfianza metropolitana» trató de despojar a estos cuerpos de todo su poder y su importancia efectiva, pero a pesar de esto, ellos «...no abdicaron jamás el carácter de representantes del pueblo y se les vio defender con denuedo en repetidas ocasiones los intereses de las comunidades. Así el primer grito de independencia y libertad resonó en el seno de estas envilecidas municipalidades»[143].

Reconocía, por tanto, un papel político importante a las Municipalidades, a quienes debían estar encomendadas una serie de funciones que les permitieran ejercer una benéfica influencia sobre las comunidades. Para poder llevarlas a cabo, Bello explicaba que era necesario que se dictasen leyes que determinasen su acción y que las investiera «...respecto del territorio en que funcionan, de aquella extensión de facultades que están llamadas a ejercer»[144]. Reconocía así lo importante que era «Dar impulso a esta autoridad local y señalarle detenidamente su esfera de acción» como «único medio de hacer provechosos los servicios de estos cuerpos que al presente sólo en pocas partes llenan su objeto»[145].

No era fácil, en todo caso, la estructuración de Municipalidades en las naciones repúblicas, y las quejas que Bello formulaba en un mensaje que escribió al presidente de la República de Chile para ser presentado al Congreso en 1856, parecerían escritas en la actualidad: «El régimen municipal se resiente del poco tiempo que tiene de ejecución la ley que lo organiza y sistema. No es

---

[142]Véase el comentario de Bello de la «Memoria sobre el servicio personal de los indígenas y su abolición» realizados por el presbítero don José Hipólito Salas, en *Obras Completas de Andrés Bello*, volumen XIX, *cit.*, pág. 311. También señalaba que en el siglo de la conquista las municipalidades americanas desplegaban todavía no poca actividad y celo en la defensa de los derechos del pueblo, y si en ocasiones ordinarias se plegaban con docilidad a las órdenes e insinuaciones de la Corte, osaban a veces alzar el grito y aún apelar a las armas contra las demasías». Véase este comentario en la pág. 312.

[143] Véase el comentario de Bello sobre la «Memoria histórico-crítica del Derecho Público chilena desde 1810 hasta 1833», de don Ramón Briseño, en *Obras Completas de Andrés Bello*, volumen XIX, *cit.*, pág. 331.

[144] Véase el «Discurso del presidente de la República (Manuel Montt) en la apertura del Congreso nacional de 1854» en *Obras Completas de Andrés Bello*, volumen XVI, *cit.*, pág. 314.

[145] Véase el «Discurso de] presidente de la República (Manuel Bulnes) en la apertura de las Cámaras Legislativas de 1851», en *Obras Completas de Andrés Bello*, volumen XVI, *cit.*, pág. 233.

raro que las Municipalidades sigan las prácticas a que estaban acostumbrados y no el procedimiento fijado por la ley. Aún no se penetran bien estos cuerpos de la verdadera extensión y alcance de sus atribuciones, y de que el honor o responsabilidad de la Administración Local a ellos corresponde»[146]. Pero sin recursos propios las Municipalidades difícilmente podían y pueden cumplir el papel que tienen asignadas. El requerimiento de Bello en 1843 permanece vigente: «importa sobremanera aumentar las rentas de las Municipalidades para dar a sus operaciones la necesaria actividad y eficacia en beneficio de los pueblos y del orden público»[147].

Pero dotar de recursos a las Municipalidades le planteaba a Bello los mismos problemas del municipalismo contemporáneo: el de su autonomía y sus límites. «... Parece necesario —decía— que la distribución general de los fondos esté sometida a una autoridad cualquiera; porque es una cosa indudable que las Municipalidades deben atender a varios objetos, y si fueran enteramente libres para la distribución de sus entradas, podría suceder que quedasen absolutamente sin fondos con que atender a otros objetos importantes; sería, pues, preciso establecer una armonía entre dos atribuciones, del presidente de la República y de las Municipalidades. Para la dirección de las obras de comodidad, salubridad y ornato las Municipalidades obran con absoluta independencia del Gobierno; pero siempre es necesario que autorice éste ese gasto»[148]. De ello no debía interpretarse que Bello fuera opuesto a la autonomía municipal. «Pudiera parecer —decía— que yo deseo someter las Municipalidades al Ejecutivo, cuando mí modo de pensar es todo lo contrario. Yo quisiera que las Municipalidades pudieran obrar con mucha más independencia que la Constitución permite, que pudieran disponer más libremente de

---

[146] Véase el «Discurso del presidente de la República (Manuel Montt) en la apertura del Congreso nacional de 1856», en *Obras Completas de Andrés Bello*, volumen XVI, *cit.*, pág. 353.

[147] Véase el «Discurso del presidente de la República (Manuel Bulnes) en la apertura de las Cámaras Legislativas de 1843, en *Obras Completas de Andrés Bello*, volumen XVI, *cit.*, pág. 149. Unos años más tarde Bello afirmaba: «Los recursos de las municipalidades prosperan, pero siento decir que todavía distan mucho de nivelarse con las más urgentes exigencias de las comunidades; lo que no puede menos de limitar la benéfica influencia de estas corporaciones. A ellas mismas toca proponer nuevos arbitrios, adecuados a las circunstancias locales... Tan mezquinos son los ingresos de la mayor parte de las municipalidades, que no pocas veces se hace indispensable auxiliarlas con erogaciones del erario... Si es tal la pobreza, la indigencia de un gran número de municipalidades para subvenir a los importantes objetos de diaria atención que nuestra ley fundamental encarga a su cuidado, fácil es colegir lo poco que puede esperarse de ellas para el alivio de calamidades extraordinarias, que las abruman con exigencias imprevistas al mismo tiempo que menoscaban sus escasas entradas». Véase el «Discurso del presidente de la República (Manuel Bulnes) en la apertura de las Cámaras Legislativas de 1847», en *Obras Completas de Andrés Bello*, volumen XVI, *cit.*, págs. 180-181.

[148] Véase «1850. Organización de municipalidades», en *Obras Completas de Andrés Bello*, volumen XVII, *cit.*, págs. 766-767.

sus fondos, y aún estuvieran autorizadas para imponer de vez en cuando contribuciones dentro de ciertos límites»[149].

Pero en todo caso hacía énfasis en estos límites, pues —decía— «... no se puede concebir que la Municipalidad bajo el pretexto de hacer obras públicas tenga facultad para gravar indefinidamente a los vecinos...»[150], por lo que consideraba que para imponer multas y contribuciones estuvieran «... autorizadas expresamente por la Legislatura, que dentro de ciertos límites les concediera esta facultad, fijándoles desde tal cantidad a tal otra»[151].

Además de la administración y de la determinación de contribuciones locales, la autonomía municipal se manifiesta en la capacidad de las Municipalidades de dictar su propio ordenamiento a través de ordenanzas. Sobre ello y sus límites también se ocupó Bello. Ante todo planteaba que las Ordenanzas Municipales tuvieran un contenido general; «...no ha podido ocurrirme la idea de que las ordenanzas municipales se dicten para una obra especial»[152], por lo que su contenido debía concernir a los asuntos propios de la vida local: policía, ornato y salubridad de las poblaciones, régimen de abastos, en fin todo lo que fuera necesario para el «...arreglo más conveniente del servicio municipal...»[153]. Pero esta facultad, sostenía, no debía ser ilimitada, sino que por el contrario, el poder nacional debía tener derecho de revisar los actos de las Municipalidades, sobre todo cuando en ellos se notase «...un espíritu demasiado restrictivo de la libertad individual y de la industria...»[154].

Esta posibilidad de intervención del poder central en relación a las Municipalidades que, además, previo la ley chilena de 1850 sobre Organización de las Municipalidades, sin embargo, afirma Bello, fue un derecho limitado: «La ley sólo ha dado intervención a la autoridad general en medidas de orden que no coartan la acción municipal... o cuando los actos municipales son de tal carácter que comprometen el porvenir de la localidad o hieren o afectan las libertades del ciudadano. Fuera de este terreno la acción tiene en la misma municipalidad su impulso y su complemento»[155].

---

[149] *Idem*, pág. 767.

[150] *Idem*, pág. 770.

[151] *Idem*, pág. 769.

[152] Véase el «Discurso del presidente de la República (Manuel Montt) en la apertura del Congreso nacional de 1858», en *Obras Completas de Andrés Bello*, volumen XVI, *cit.*, págs. 400-401

[153] *Idem*, pág. 401.

[154] *Idem*, pág. 401.

[155] Véase el «Discurso del presidente de la República (Manuel Montt) en la apertura del Congreso nacional de 1856», en *Obras Completas de Andrés Bello*, volumen XVI, *cit.*, pág. 353.

IV

LOS PODERES DEL ESTADO

Hemos señalado que en la concepción de Bello el principio de la separación de poderes es la esencia del funcionamiento del Estado, además de su garantía de la libertad. A lo largo de su obra, por tanto, dedicó cientos de páginas a tratar aspectos específicos de cada uno de estos poderes, el Legislativo, el Ejecutivo y el Judicial, cuyo análisis permite completar el cuadro de su concepción del Estado.

1. EL PODER LEGISLATIVO

Dentro de la concepción de Bello, como se ha dicho al comentar su idea de la soberanía y de la separación de poderes, el Poder Legislativo tiene una primacía evidente, desde el punto de vista político, en relación a los otros poderes, ya que, compuesto por representantes del pueblo, es depositario de la soberanía. Como tal, por excelencia, es el productor de leyes que conforman el funcionamiento general del Estado y de la sociedad.

Pero en relación al Poder Legislativo conviene destacar las ideas de Bello sobre su carácter de órgano representativo, sus atribuciones y las características más destacadas del producto de su actividad: las leyes.

A) *La representatividad*

La idea de la representatividad del Poder Legislativo es constante en la obra de Bello e insiste en señalar que las Cámaras Legislativas deben ser el escenario donde estén representados todos los intereses de las diferentes clases sociales y donde esos intereses se enfrentan y luchan para dar como resultado la creación de las leyes.

«...en los cuerpos legislativos —decía— es esencial que concurran los intereses de las diversas clases de la sociedad...»; en ellos, «... se quiere que entren en lucha todos los intereses sociales para que venza la opinión de la mayoría: si hay un interés dominante, sin duda este interés triunfará. No hay remedio, así es, y así es necesario que sea, si no se quiere contravenir a la naturaleza misma de los cuerpos legislativos»[156], y agregaríamos nosotros de la democracia. Esta expresión de Bello de que la mayoría es la que debe prevalecer y la que debe tomarse, como base, para decidir en cada materia, esencia de la democracia, parecería que debemos repetirla permanentemente aún en la actualidad.

Pero Bello insiste en el carácter representativo del Cuerpo Legislativo, el cual, por su constitución, afirmaba, «...es necesario que represente todos los intereses sociales y cada interés social es naturalmente representado por los individuos que tienen parte en él como hacendados, militares...»[157]. Así, pues, mientras los jueces deben ser totalmente imparciales, no deben tener el menor interés en la causa que se ventila, los senadores y diputados deben representar los intereses de la clase a la cual pertenecen. «Pedir —decía— a los representantes de los intereses sociales la imparcialidad de los jueces,... es desnaturalizar de todo punto los cuerpos legislativos, a cuyos miembros no sólo no se pide imparcialidad, sino que, por el contrario, se exige como requisito esencial que tengan intereses que los afecten, con tal que no sean intereses personales y directos, sino intereses de clase»[158].

En todo caso, conforme al pensamiento de Bello, precisamente, de la lucha de los intereses sociales surge la ley[159]. De esta manera, la función primordial de las Cámaras Legislativas es dictar leyes, y éstas deben ser producto de transacciones entre los diversos intereses sociales, de lo cual se desprende que el Congreso tiene necesariamente que estar constituido por individuos representantes de intereses de clase, ya que si está integrado de hombres imparciales no habría representación de intereses y, por tanto, se perdería la esencia del cuerpo legislativo: dejaría de representar a la sociedad y dictaría leyes sin conexión con la realidad.

La constitución de un cuerpo legislativo representativo, en todo caso, exige un modo específico de constitución que asegure tal representatividad; y este problema también se lo planteó Andrés Bello.

Decía así en su obra de Derecho Internacional *El Poder Legislativo*: «El poder que ejerce actualmente la soberanía suele estar constituido de varios modos: en una persona, como en las monarquías absolutas; en un Senado de nobles o de propietarios, como en las aristocracias; en una o más cámaras, de las cuales una a lo menos es de diputados del pueblo, como en las democracias puras o mixtas; en una asamblea compuesta de todos los ciudadanos que tienen derecho de sufragio, como en las repúblicas antiguas;

---

[156] «1843-1846. Terrenos abandonados por el mar» en *Obras Completas de Andrés Bello*, volumen XVII, *Labor en el Senado de Chile, Caracas*, 1958, pág. 245.

[157] *Idem*, pág. 181.

[158] *Idem*, pág. 222.

[159] *Idem*, pág. 181.

en el príncipe o en una o más cámaras, como en las monarquías constitucionales...»[160]. Ante estas diversas formas, hemos dicho, era partidario de la constitución del Poder Legislativo por representantes electos por la vía del sufragio.

B) Atribuciones del Poder Legislativo

El Cuerpo Legislativo, como depositario de la soberanía, tenía como atribución fundamental dictar leyes que garanticen la libertad y el orden, que contribuyan a mejorar la calidad de la vida de los ciudadanos y la situación económica y social del país.

Esos fines de la sociedad y particularmente «libertad y orden», se lograban «por medio de leyes equitativas que mejoren la educación y las costumbres, que protejan eficazmente a las personas y propiedades, que vivifiquen el espíritu público y apresuren el desarrollo, demasiado lento aún, de nuestros intereses materiales»[161].

Pero además de dictar leyes con tales fines, Bello concebía amplias e imprecisas funciones del órgano legislativo: «... todas aquellas que son propias de un cuerpo colectivo. Necesariamente tienen facultad de hacer todo aquello que crean útil para promover el buen servicio...»[162].

C) Principios sobre las leyes

a) Las leyes y la realidad social

Para Bello, como señalamos, las leyes son producto del conflicto, -del enfrentamiento de los diversos intereses sociales representados en el Cuerpo Legislativo: «... de la lucha de estos intereses —decía— es de lo que debe resultar la ley, que es una especie de transacción entre todos ellos»[163]. A partir de este concepto de la ley, es lógico pensar que para Bello existe una estrecha relación entre las normas jurídicas y el movimiento social: ellas deben emanar de ese movimiento y deben representarlo, por lo que cuando las leyes no surgen de la voluntad de la mayoría, sino de la voluntad caprichosa de una sola persona o de un grupo minoritario, no pueden mirarse como emanadas del cuerpo social.

---

[160] Véase en *Obras Completas de Andrés Bello*, volumen X, *Derecho Internacional*, tomo I, Caracas, 1954, pág. 33.

[161] Véase el «Discurso del presidente de la República (Manuel Bulnes) en la apertura de las Cámaras Legislativas de 1847», en *Obras Completas de Andrés Bello*, volumen XVI, *Textos y mensajes de Gobierno*, Caracas, 1964, pág. 188.

[162] Véase en «1846. Homenaje a don Mariano de Egaña», en *Obras Completas de Andrés Bello*, volumen XVII, *cit.*, págs. 385-386

[163] Véase en «1843-1846, Terrenos abandonados por el mar», en *Obras Completas de Andrés Bello*, volumen XVII, *cit., pág.* 222.

Por otra parte, Bello establece que entre las leyes y las costumbres «...ha habido y habrá siempre una acción recíproca; que las costumbres influyen en las leyes y las leyes en las costumbres»[164]. Además señala: «Es cierto que las leyes modificando las costumbres y asimilándolas a sí son a la larga su expresión y su fórmula; pero esa fórmula precede entonces a la asimilación en vez de ser producida por ella»[165].

b)   La obligatoriedad de la ley

Pero la ley, además de responder a la realidad social y ser producto de la mayoría, debe ser obligatoria y ser susceptible de aplicación efectiva. Por ello Bello se preguntaba: «¿de qué servirá la bondad intrínseca de las leyes, mientras no se observen?»[166], por lo que consideraba que toda ley implicaba una sanción, un castigo a los infractores y es esta reprimenda el mejor mecanismo para garantizar el cumplimiento de las reglas jurídicas.

«Una regla sin sanción —decía— es un puro consejo que sería las más veces infructuoso»[167], decía Bello, y, por tanto, toda ley, para que no valga solamente como un consejo, es necesario que posea «una fuerza imperativa» que asegure su observancia. Ello implica una sanción y un poder judicial que juzgue y castigue a todos aquellos que violen los preceptos jurídicos.

Bello insistía en estos conceptos: «Toda ley —decía— supone una autoridad de que emana... y una sanción, esto es, una pena que recae sobre los infractores, y mediante la cual el bien común de que la pena es una garantía, se hace condición precisa del bien individual»[168].

Las sanciones legales, por supuesto, varían, y conforme a lo previsto en el Derecho natural, señala que son «... tantas sanciones diferentes, cuantas son las especies de males que pueden sobrevenirnos a consecuencia de un acto voluntario, y que no se compensen por bienes emanados de ese mismo acto»[169]. Además, las enumera en sanción física, sanción simpática y sanción de la vindicta humana o sanción social y observa que esta última, en la sociedad civil, es la que se aplica por las leyes y la administración de justicia[170].

---

[164] Véase el estudio de Bello sobre la Memoria presentada a la Universidad de Chile en 1844 por don José Victorino Lastarria titulada «Investigaciones sobre la influencia de la conquista y del sistema colonial de los españoles en Chile», en *Obras Completas de Andrés Bello,* volumen XIX, *Temas de Historia y Geografía,* Caracas, pág. 166.

[165] *Idem,* pág. 167.

[166] «Publicidad de los juicios», en Andrés Bello, *Escritos jurídicos, políticos y universitarios,* Editorial Edeval, Valparaíso, 1979, pág. 95.

[167] Véase la «Memoria que el ministro de Estado en el Departamento de Relaciones Exteriores (Manuel Camilo Vial) presenta al Congreso nacional (año de 1847)», en *Obras Completas de Andrés Bello,* volumen XVI, *cit.,* pág. 575.

[168] Véase en *Obras Completas de Andrés Bello,* volumen X, *cit.,* págs. 13-14

[169] *Idem,* pág. 14.

[170] *Idem.*

Terminemos la idea de Bello sobre la aplicación y obligatoriedad de la ley con sus propias palabras; «nada influye tanto en el orden público, y en la seguridad de los bienes, del honor y la vida de los ciudadanos, como la aplicación de las penas establecidas por las leyes contra los que atacando los más sagrados derechos del hombre en sociedad, se hacen justamente reos de delitos, que, si quedan impunes se multiplicarán cada día, causando los males que son consiguientes. Por esto, las leyes no han dejado al arbitrio del juez la imposición de las penas y las han detallado para que una vez esclarecidos los hechos se siga necesariamente su aplicación, en que no es dado dispensar al oficio del juez, que si tuviese esta facultad se constituiría en árbitro y podría agravar muchas veces las desgracias de los mismos culpados»[171].

c) *El ámbito temporal y territorial de las leyes*

Pero esta aplicabilidad y obligatoriedad de las leyes, cuya emanación es una de las manifestaciones de la soberanía del Estado, está circunscrita en cuanto al ámbito de aplicación, al tiempo y al espacio. Bello formuló así los principios básicos de irretroactividad y territorialidad de la ley.

En efecto, en 1847 al discutirse en el Senado un proyecto de ley sobre el efecto retroactivo de las leyes, Bello se adhirió al principio de la irretroactividad de las leyes, es decir, de que las normas jurídicas se aplican sólo a casos futuros y, por tanto, no obran hacia el pasado.

Para defender esta posición, Bello afirmaba: «Yo entiendo por un principio recibido que las leyes no obran sino para el porvenir, que no imponen obligación sino para lo futuro, y cuando el legislador en caso extraordinario quiere que tengan un efecto retroactivo, es necesario que lo exprese terminantemente; porque según la regla las leyes no tienen ese efecto»[172].

En esta misma discusión sobre el efecto retroactivo de las leyes Bello analizó también el problema de si las leyes posteriores modificaban los derechos adquiridos por particulares en virtud de leyes anteriores. Basándose en el mismo principio de que las normas jurídicas no tienen efecto retroactivo, salvo disposición expresa del legislador, Bello expresaba terminantemente su criterio de que una «ley posterior no destruye los derechos adquiridos por la ley anterior, a no ser que positivamente lo diga»[173].

Pero además de la irretroactividad de la Ley, como límite temporal de su aplicación, Bello también insistió en definir el ámbito territorial de la Ley, en el sentido de que las leyes rigen para el territorio del Estado que las ha dictado,

---

[171] «Indultos», en *Obras Completas de Andrés Bello*, volumen XV, *Temas jurídicos* (en prensa).

[172] Véase en «1847. Efectos retroactivos de las leyes», en *Obras Completas de Andrés Bello*, volumen XVII, *cit.*, pág. 506.

[173] «Discusión sobre el efecto retroactivo de la ley con ocasión de la reforma del reglamento de elecciones», en *Obras Completas de Andrés Bello,* volumen XV, *cit.* (en prensa).

y esto es así, decía, porque «la soberanía e independencia de los Estados no permiten que rijan en un país las leyes que otro dicta. Las leyes de un Estado sólo tienen fuerza en el territorio del otro, en cuanto éste ha querido concederla»[174]. En este mismo orden de ideas Bello formula los principios del derecho internacional privado relativo a la aplicabilidad de las leyes, según el lugar de los actos o las personas que lo realizan, «...las leyes de cada Estado —decía— son completamente obligatorias respecto de todos los bienes raíces o muebles que se encuentran en su territorio y respecto de todas las personas que lo habitan, aunque no hayan nacido en él y, asimismo, respecto de todos los contratos y demás actos jurídicos celebrados en ese mismo territorio»[175].

Pero, sin embargo, Bello constataba que había otras leyes que no sólo tenían aplicación dentro del territorio de la República, sino que seguían con el ciudadano a cualquier parte que se dirigiera: «Hay leyes meramente locales —señalaba— que sólo obligan al ciudadano mientras se halla dentro de los límites del territorio. Hay otras de cuya observancia no podemos eximirnos dondequiera que estemos, como son aquellas que nos imponen obligaciones particulares para con el Estado o para con los otros miembros de la asociación civil a que pertenecemos»[176].

d) La interpretación de las leyes

Por último, en su doctrina sobre la ley destaca la necesidad de que el legislador regule en las normas escritas todos los aspectos posibles, de manera de estrechar el margen de casos dudosos y de interpretación: «Que sea necesario interpretar las leyes para su aplicación a los casos que ocurren, y que en esta interpretación varíen a menudo las opiniones —decía— es una cosa a que debemos resignarnos como inevitable en todo sistema legal, por acabado y perfecto que se le suponga. Pero los trabajos de la legislatura pueden estrechar cada día este campo de incertidumbre y disputas, decidiendo los puntos dudosos; y ella puede hacerlo tanto más ventajoso y fácilmente, cuando más libre-se halla no sólo para aclarar lo oscuro y dirimir lo disputable, sino para innovar en las disposiciones existentes, corrigiendo los defectos que la experiencia haya descubierto en ellas»[177].

Pero como el legislador no puede regularlo todo, siempre será necesario interpretar los preceptos de las normas jurídicas. Con este fin, Bello afirma que la mejor forma de hacerlo para evitar arbitrariedades y abusos en su aplicación, es atenerse a la letra exacta de la ley, sin agregarle ni quitarle nada. Decía: «Creemos que lo más seguro es atenerse a la letra; que no debemos

---

[174] Véase en *Obras Completas de Andrés Bello,* volumen XXII, *Derecho Internacional,* tomo IV, Caracas, 1969, pág. 500

[175] *Véase en Obras Completas de Andrés Bello, volumen X, cit., pág. 87.*

[176] *Idem,* pág. 93.

[177] Véase en «Legislación», en *Obras Completas de Andrés Bello,* volumen XV, *cit.* (en prensa).

ampliarla o restringirla, sino cuando de ella resultan evidentes absurdos o contradicciones, y que todo otro sistema de interpretación abre ancha puerta a la arbitrariedad y destruye el imperio de la ley. ¡Cuándo reconoceremos — concluía— que todo lo que no está en las leyes no es ley!»[178].

En base a este pensamiento señalaba que los únicos casos en que el juez puede recurrir, a lo que se llama en derecho «interpretación extensiva o restrictiva», es cuando «el texto es oscuro, o donde de entenderlo a la letra se siga un evidente absurdo»[179]. Por lo tanto, siempre debe hacerse una «interpretación literal» que es aquella que se «deduce de la ley misma por medio de conversiones regulares y precisas», y es precisamente por estas conversiones que se transforman «los términos de la ley en los términos de la interpretación literal»[180].

También, comenta Bello, hay ocasiones en que se requiere recurrir a la costumbre para interpretar la ley: «...la costumbre —decía— debe interpretar la ley cuando apareciere duda sobre ella, y ansí como acostumbraron los otros de la entender, ansí debe ser entendida e guardada»[181].

2. EL PODER EJECUTIVO

A pesar de que como dijimos al inicio, Andrés Bello fue un hombre del Estado y de la burocracia, a cuyo servicio dedicó materialmente toda su vida, sin embargo, no encontramos en la obra de Bello, con claridad, ningún análisis específico sobre la organización, competencias o funciones del Poder Ejecutivo, contrariamente a sus largos estudios sobre el Poder Legislativo y el Poder Judicial.

En todo caso, de notas aisladas se pueden distinguir concepciones sobre dos aspectos clásicos relativos al Poder Ejecutivo —la Administración Pública y el Gobierno—, pues lo concebía como formado por los entes encargados de ejecutar las leyes dentro del territorio del Estado y de tomar todas las medidas y providencias necesarias para que esas normas jurídicas no fueran eludidas.

A) *La Administración Pública*

En cuanto a la Administración Pública, ante todo la concibe como una organización destinada a servir de instrumento del Estado. Como tal, su organización y estructura dependía, como continúa dependiendo en la actualidad,

---

[178] «Discusión sobre el efecto retroactivo de la ley con ocasión de la reforma del reglamento de elecciones, en *Obras Completas de Andrés Bello*, volumen XV, *cit.* (en prensa).

[179] *Idem* (en prensa).

[180] *Idem* (en prensa).

[181] «1840. Suspensión del fiscal de la Corte de Apelaciones de Santiago». Véase la Exposición presentada por los señores Tocornal y Bello de las razones que a juicio del Gobierno justifican la suspensión del fiscal de la Corte de Apelaciones (26 de mayo de 1840), en *Obras Completas de Andrés Bello, cit.*, pág. 59.

de los fines que tenía que cumplir el Estado en un momento determinado. La Administración Pública, en esta forma, nunca ha sido una estructura estática, sino al contrario, esencialmente combatiente.

Por eso Bello señalaba que «Al lado de aquellos caracteres generales de la revolución chilena, era natural que cada una de sus administraciones sucesivas presentase un genio y tendencia particular, según las exigencias a que debía su origen, y las circunstancias de que estaba rodeada. Cada cual tuvo su misión que desempeñar y objetos peculiares a que proveer; progresivas a veces, y a veces reaccionarias...»[182]. Sin embargo, este carácter cambiante no impide constatar, como lo decía Bello, que «La administración tiene su marcha peculiar, sus reglas fijas que le sirven de norma en la dirección política del país...»[183].

Pero además de ser una organización condicionada por unos fines públicos, la Administración Pública, siempre ha sido considerada, también, como un proceso, precisamente, de conversión de recursos, generalmente escasos, en objetivos, específicos. Administrar, aún en el campo público, por tanto, origina siempre esta relación de medios y fines: los primeros, generalmente escasos y los segundos, generalmente diversos y crecientes.

Esta idea tan común en nuestros días, se la planteó Andrés Bello, en 1844, cuando constataba, refiriéndose a la Administración chilena: «Grandes son los vacíos que tenemos delante; numerosas las necesidades a que debemos hacer frente; si las comparáis con los recursos de que nos es dado echar mano, y con los obstáculos que nos es preciso superar, haréis justicia al celo del Gobierno»[184].

Pero administrar, antes y ahora, como proceso de conversión de recursos y medios escasos en fines múltiples, implica información. Sin un conocimiento exacto de la realidad, no se conocen los recursos disponibles ni los objetivos a lograr, ni mucho menos los obstáculos a vencer, en fin, no se puede administrar. De allí la importancia que tiene en nuestros días la información como técnica sin la cual no es posible administrar.

Bello se planteaba el mismo problema en 1853. Afirmaba: «Mientras mejor conozca el país, los recursos de cada localidad para promover el bien común (y) la cooperación que los vecinos de cada pueblo pueden prestar, mejor llenará el Gobierno sus numerosos deberes, mejor desempeñará sus fun-

---

[182] Véase la «Exposición que el presidente de la República Joaquín Prieto dirige a la nación chilena el 18 de septiembre de 1841», en *Obras Completas de Andrés Bello*, volumen XVI, *Textos mensajes de Gobierno*, Caracas, 1964, pág. 123

[183] Véase «1849. Periódicos oficiales y ministeriales», en *Obras Completas de Andrés Bello*, volumen XVII, *Labor en el Senado de Chile*, Caracas, 1958, pág. 747.

[184] Véase el «Discurso que el presidente de la República (Manuel Bulnes) dirige al Congreso nacional» (año de 1844), en *Obras Completas de Andrés Bello*, volumen XVI, *cit.*, pág. 160.

ciones de inteligente y celoso administrador de los intereses públicos. Sin esos conocimientos, ni es dable apreciar debidamente muchas medidas, ni es posible evitar errores o desaciertos, ni ponerse a cubierto de las vacilaciones y dudas que frecuentemente detienen en la adopción de providencias de conveniencia pública. Además —agregaba— cada provincia, cada localidad tiene sus necesidades peculiares que conviene conocer inmediatamente, ver de cerca, estimar, oyendo a los mismos que las experimentan para atenderlas según importancia y en la esfera en que sea posible»[185].

B) La organización del Gobierno

El Poder Ejecutivo estuvo integrado en Chile por el presidente de la República, el Consejo de Estado y los ministros. Las competencias de cada uno de estos entes eran conferidas por la Constitución, y así al comentar la Constitución chilena de 1833 en cuanto a las atribuciones del presidente de la República, Bello señalaba que constituían «... un dique contra el torrente de las conmociones de partido»[186]. A la vez decía, con la creación del Consejo de Estado, organismo encargado de asesorar al presidente y de velar por la conservación y respeto de los derechos individuales, «...me ha levantado un vasto templo a la libertad interior»[187].

En cuanto a los ministros, Bello los define como órganos de los Gobiernos, que manifiestan las ideas y pensamientos del mismo, y que se encargan de satisfacer necesidades de servicio; estando definidas en la Constitución las leyes y sus atribuciones y su esfera de actuación[188].

Bello menciona otra clase de ministros, los de la Tesorería, que de acuerdo a la Constitución chilena eran independientes del Poder Ejecutivo: «los ministros de la Tesorería... han recibido de la ley encargos, funciones y responsabilidades en gran manera independientes del Ejecutivo»[189]. Se trataba de órganos hasta cierto punto independientes del Gobierno e, incluso, autorizados por la ley para resistir al Gobierno, en materia de actos de Tesorería.

Pero el Gobierno de Chile no sólo estaba organizado a nivel nacional; también había una administración ejecutiva en cada provincia, integradas por un intendente que era la máxima autoridad en las provincias y un gobernador en los departamentos. «A cargo de esos jefes —dice Bello— está la

---

[185] Véase el «Discurso del presidente de la República (Manuel Montt) en la apertura del Congreso nacional de 1853», en *Obras Completas de Andrés Bello,* volumen XVI, *cit.,* pág. 308.

[186] Véase la referencia en Ricardo Donoso, prólogo al volumen XVII de las *Obras Completas de Andrés Bello, cit.,* pág. LVIII.

[187] *Idem,* pág. LVIII.

[188] Véase en *Obras Completas de Andrés Bello,* volumen XXII, *Derecho Internacional,* tomo IV, Caracas, 1969, pág. 460.

[189] Véase en *Obras Completas de Andrés Bello,* volumen XXII, *cit.,* pág. 216.

ejecución de las leyes y una parte esencial de la administración de justicia; a cargo de ellos está la seguridad de las ciudades y campos, la comodidad, aseo y salubridad de las poblaciones, la conservación de los caminos, el buen orden de los mercados y, por decirlo de una vez, casi todos los objetos de interés universal en todos los momentos de la vida»[190].

Estas administraciones de las provincias y departamentos en todo caso, por el marcado centralismo del Estado tenían una marcada dependencia respecto del Poder Ejecutivo Central. «...La Constitución misma ha querido —decía Bello— que existiese la más estrecha dependencia entre el Gobierno supremo y las administraciones ejecutivas de las provincias y departamentos. Los intendentes son obligados a cumplir las órdenes e instrucciones del presidente de la República, de quienes... son los agentes naturales e inmediatos, como los gobernadores lo son respecto de los intendentes...»[191].

El centralismo exigía una comunicación efectiva entre el Poder Central y la periferia para que, con palabras de Bello, «el impulso dado por la fuerza motriz se propague con prontitud y vigor a todas las ramificaciones»[192]. Este es, según las palabras de Bello, «el ideal de toda buena administración: el punto de perfección a que debe aspirar, a que aspira efectivamente y a que más o menos se aproxima en todos los Gobiernos ilustrados»[193]. Al contrario, cuando el centralismo no está acompañado ni de información, ni de comunicación, las administraciones provinciales medran en la inutilidad, y el país se ahoga por dentro. Basta con analizar cualquiera de nuestros Estados latinoamericanos centralistas para constatar cuán necesarias son aquellas viejas ideas de Bello.

C) *Los funcionarios públicos*

Por supuesto, para que todo Gobierno y administración funcione se requiere de recursos humanos, de hombres que administren los negocios de la nación. Conforme a las ideas de Bello, las personas que debían desempeñar los cargos del Estado debían ser respetables, capaces y dedicadas enteramente al servicio público; en otras palabras, estimaba que la administración debía estar dotada de individuos con vocación de servicio público y con una serie de conocimientos relacionados con el destino que iban a desempeñar. Por ello consideraba Bello que «El buen orden no tanto depende de la bondad abstracta de las reglas legales, como de la actividad, inteligencia y cordura con que se ejecutan; condiciones con que no puede contarse

---

[190] «Sobre las intendencias y gobernaciones», en *Obras Completas de Andrés Bello,* volumen XV, *Temas jurídicos.* (en prensa)
[191] *Idem* (en prensa).
[192] *Idem* (en prensa).
[193] *Idem* (en prensa).

cumplidamente, mientras no haya una administración ejecutiva suficientemente dotada»[194].

Esa necesidad de personas bien capacitadas para servicio del Estado que planteaba Bello hace siglo y medio es hoy día un requisito fundamental de toda Administración Pública: contar con funcionarios altamente calificados y especializados en las tareas que se van a realizar, y para esto, tanto en aquella época como ahora, es indispensable que el Estado brinde a sus ciudadanos educación a todos los niveles. Pero para Bello la preparación de los funcionarios públicos no debía reducirse a su campo de actuación, sino que ellos debían tener ciertos conocimientos sobre la historia, la geografía del país y su evolución política: conocimiento de la Constitución para estar al tanto de la organización del cuerpo político, en fin, debía poseer una cultura general[195].

Por otra parte, Bello estimaba que para atraer a las personas respetables y preparadas a la Administración era necesario darle algunos incentivos como una buena remuneración acorde con la responsabilidad y exigencias del cargo, la posibilidad de tener ascensos, y en este aspecto prácticamente propugnaba el derecho a hacer una carrera dentro de la organización del Estado[196]. También hacía referencia al derecho a 1a jubilación que tendría un funcionario inhabilitado física y moralmente, pues estimaba que era justo que se les recompensara por la gran responsabilidad que se les exigía[197].

Otro aspecto que Bello comentaba con respecto a los funcionarios encargados de gobernar y de juzgar, era la necesidad de que los mismos estuviesen rodeados de cierto prestigio que los hiciera aparecer a los ojos de la comunidad como superiores: «Es preciso no olvidar —decía— que si es absolutamente indispensable el que seamos gobernados y juzgados por hombres como nosotros, lo es también el que la ley establezca ciertas distinciones entre los que mandan y los que obedecen, formando de este modo y conservando cierto prestigio, en que consiste mucha parte del respeto que les es debido, y sin el cual pierde mucho el importante ejercicio de sus funciones. Desde el momento en que todos los del pueblo se miren iguales con el magistrado, sus preceptos no pueden contar con el acatamiento que

---

[194] *Idem* (en prensa).

[195] Véase «Educación» en Andrés Bello, *Escritos jurídicos, políticos y universitarios, cit.*, págs. 196 y ss.

[196] Ver «Carrera administrativa», en *Obras Completas de Andrés Bello*, volumen XV, *cit*, (en prensa). Sobre el mismo punto véase en el volumen XVII de las *Obras Completas de Andrés Bello, cit.*, la discusión sobre la ley, 1847. «Estadística y Archivo Nacional», *pág.* 478.

[197] Sobre este punto ver la discusión que se produjo en el Senado de Chile con motivo de la aprobación de la ley de «1849. Jubilación civil. Supresión de fueros» en *Obras Completas de Andrés Bello*, volumen XVII, *cit.*, pág. 687.

corresponde; porque, sea cual fuere la sociedad, siempre son menos los que reflexionan de un modo debido sobre la importancia de los actos gubernativos o judiciales, y los acatan porque los consideran necesarios a la conservación del Estado; la mayor parte es dirigida por el habitual respeto a la magistratura, y este respeto es siempre a medida de las consideraciones que las leyes le dispensan»[198].

D) *Los logros del Gobierno y su crítica*

En la organización del Estado, sin duda, al Gobierno corresponde la conducción política de la sociedad. Ciertamente, los poderes legislativos y judicial tienen tareas importantes que cumplir, pero es al Gobierno a quien, en definitiva, se reclaman los fracasos o se conceden los logros de la gestión pública. Esto es así en la actualidad y era así en la primera mitad del siglo pasado.

Como funcionario a la vez del Poder Ejecutivo y del órgano legislativo —Bello redactó durante dos décadas las memorias de dos Ministerios y los mensajes del presidente de la República al Congreso, y como senador, desde el Congreso, analizó la obra de Gobierno— Andrés Bello captó el principal problema político que debía afrontar el Gobierno, y que consiste en ser culpado de todo lo malo que acaece y de todo lo bueno que no se logra.

Por ello Bello comenta en un artículo titulado *El Gobierno y la Sociedad*, publicado en *El Araucano,* en 1843, que «nada más fácil que censurar a un Gobierno imputándole como culpa, no sólo todo el mal que existe, sino todo el bien que no existe...»[199]; pues hacer esto demuestra desconocer que para que el país avance hacia el bienestar material y espiritual hacen falta medidas gubernativas, pero, sobre todo, que existan una serie de elementos, de caracteres nacionales como son recursos naturales y económicos, el apoyo y ayuda de la colectividad, antecedentes morales y políticos, etc.[200].

Por tanto, en cualquier país no todo lo puede lograr el Estado ni su Gobierno. Como lo decía Bello, la naturaleza y el tiempo son elementos esenciales de toda obra humana que deben tenerse en cuenta. «Las medidas administrativas pueden indudablemente ya retardar el movimiento, ya acelerarlo. Pero —agregaba— es menester que no nos exageremos su poder. Hay obstáculos morales que no debe arrastrar de frente. Hay accidentes naturales que le es imposible alterar. Los que la acusan de inerte o tímida, harán un gran bien al público señalándole el derrotero que debe seguir en su marcha.

---

[198] Véase «Administración de justicia», en *Obras Completas de Andrés Bello*, volumen XV, *cit.* (en prensa).

[199] Véase «El Gobierno y la sociedad», en *Obras Completas de Andrés Bello*, volumen XV, *cit.* (en prensa).

[200] *Idem* (en prensa).

Sobre todo no olviden que bajo el imperio de las instituciones populares es donde menos puede hacerse abstracción de las costumbres, y que, medidas abstractamente útiles, civilizadoras, progresivas, adaptadas sin consideración a las circunstancias, podrían ser perniciosísimas y envolvemos en males y calamidades sin términos»[201].

Por lo tanto, para salir del estancamiento es necesario no sólo que el Gobierno adopte medidas, pues «el Gobierno no puede obrar sin el concurso de la representación nacional», sino que, «la reunión de… todos los poderes políticos»[202] establezca una política lógica, coherente de acuerdo con las características del país, que le permita influir en ellas y modificarlas, para lo cual hay que contar con dos factores: «la naturaleza y el tiempo» sin los cuales todo es inútil. Además, sostuvo Bello que hay que tener el apoyo de la colectividad, porque la prosperidad de una nación no es «la obra exclusiva del Gobierno. Ella ha sido en todas partes la obra colectiva de la sociedad; y si no se puede culpar a ésta de lo que no hace, sin tomar en cuenta sus elementos materiales, menos se puede culpar al Gobierno sin tomar al mismo tiempo en cuenta la materia y el espíritu, las costumbres, las leyes, las preocupaciones, los antecedentes morales y políticos. Proceder de otro modo —concluye— es una manifiesta injusticia»[203].

Bello, por tanto, se oponía a la crítica al Gobierno que no estuviese acompañada de propuestas concretas para mejorar la realidad política, pues era partidario de una «… oposición saludable, que es… la señal y la garantía de las instituciones liberales»[204].

Decía así, con precisión, «Dígase en buena hora lo que nos falta; nunca estará de más repetirlo; pero explórense las causas de esa falta; indíquense los medios de remediarla, y la reseña de los prodigios sociales de otros pueblos será instructiva, será fecunda de resultados prácticos»[205].

«Pero se necesitan consejos claros, definidos, no especulaciones aéreas. Los sueños dorados y las perspectivas teatrales desaparecen ante las severas, las inflexibles leyes de la materia y del espíritu; leyes que dejan límites harto estrechos a la esfera de acción de los legisladores humanos»[206].

---

[201] Véase «El Gobierno y la sociedad», en *Obras Completas de Andrés Bello,* volumen XV, *cit.* (en prensa).

[202] *Idem* (en prensa).

[203] *Idem* (en prensa).

[204] Véase el «Discurso del presidente de la República (Joaquín Prieto) a las Cámaras Legislativas en la apertura del Congreso nacional de 1834», en *Obras Completas de Andrés Bello,* volumen XVI, cit., pág. 48.

[205] Véase «El Gobierno y la sociedad», en *Obras Completas de Andrés Bello,* volumen XV, *cit.* (en prensa).

[206] *Idem* (en prensa).

3. EL PODER JUDICIAL

En la concepción del Estado en la obra de Andrés Bello el Poder Judicial y el papel de la justicia juegan un papel fundamental, y a su estudio y análisis dedicó múltiples trabajos.

Bello, en efecto, estimaba que para el bienestar de la sociedad era indispensable contar con una buena administración de justicia, pues a través de ella es que se puede velar por el cumplimiento de las leyes y el respeto de los derechos y garantías individuales. La importancia de la administración de justicia para un país las resume Bello en estas líneas: «La seguridad, la propiedad, el honor, todo, en fin, cuanto el hombre busca y encuentra en la sociedad estriba precisamente en la recta administración de justicia. Son sin ella las leyes un vano simulacro; porque nada importa que existan y sean las mejores, si su mala aplicación o inobservancia las anula, o si para conseguir su efecto se han de experimentar mayores males que los que obligaron a reclamar su cumplimiento»[207].

En su obra Bello analiza, por tanto, el Poder Judicial, en la estructura del Estado, y lo más importante y actual, la administración de justicia. Veamos separadamente estos dos aspectos.

A) *Características del Poder Judicial*

Al referirse al Poder Judicial dentro de los poderes del Estado, las ideas de Bello giran en torno a cuatro premisas siempre actuales; independencia, imparcialidad, sumisión a la ley y responsabilidad de los jueces.

a) *La independencia del Poder Judicial*

En numerosos escritos de Bello encontramos expresada su opinión sobre la separación que debe existir entre el poder de juzgar, el de hacer las leyes y el de ejecutarlas; y es esta independencia lo más importante del principio que separa los poderes constitucionales, en cuanto se refiere a la seguridad y bienestar de los ciudadanos; es ella —decía— la «... que pone a cubierto la libertad individual de los embates a que se hallaría expuesta, si las facultades del juez confundidas con la vasta autoridad del legislador diesen lugar a la arbitrariedad o fueran el azote terrible de la opresión ligadas con *el Poder Ejecutivo*»[208].

Por eso afirmaba tajantemente: «El poder de juzgar es independiente, es decir, no hay autoridad que encadene la libertad del magistrado para conocer, con arreglo a las leyes, en el negocio que se somete a su examen, ni para

---

[207] «Administración de justicia», en *Obras Completas de Andrés Bello*, volumen XV, *Temas jurídicos* (en prensa).

[208] «Independencia del Poder Judicial», en Andrés Bello, *Escritos jurídicos, políticos y universitarios, cit.*, pág. 85.

pronunciar la sentencia que fije los derechos controvertidos»[209]. En esta forma, el Poder Judicial es y tiene que ser independiente, en sus funciones, del Legislativo y del Ejecutivo, por lo que no puede haber injerencia de ninguno de éstos en la Administración de justicia. Textualmente Bello decía: «El Poder Judicial es en Chile, como en todo país organizado, un poder independiente que aplica la ley sin que pueda mirársele como parte. A él se someten las cuestiones en que es parte el Estado sea en pleitos con nacionales o extranjeros»[210].

«El Poder Judicial es independiente, procede por sí y bajo su responsabilidad...»[211].

Por tanto, añadía, «... el Gobierno en virtud de sus atribuciones constitucionales no puede prescribir a los Tribunales y Juzgados la conducta que hayan de observar en causa alguna en que se invoque su autoridad, porque la ley fundamental del Estado los ha colocado bajo este respecto en una completa independencia del Ejecutivo»[212].

Bello así hace hincapié en la imposibilidad del Poder Ejecutivo de intervenir en los asuntos judiciales, es decir, de «... tener injerencia alguna en la administración de justicia»[213].

Sin embargo, conforme a la más adecuada doctrina iuspublicista, Bello entendía que tanto la justicia como la administración, cada una en su campo, eran actividades ejecutivas, en el sentido de ejecución de la ley. Por ello decía, el poder de juzgar es «... una emanación del Poder Ejecutivo. Aplicar una ley es el primer paso que se da en su ejecución, y por consiguiente un ramo de la ejecución, dependiente, en mucha parte, de la potestad que tiene a su cargo este último ramo de la administración pública»[214].

---

[209] *Idem,* pág. 86.

[210] Véase *Obras Completas de Andrés Bello,*   *Derecho Internacional,* tomo IV, Caracas, 1969, pág. 434.

[211] *Idem,* pág. 467. Además, señaló que: «el Poder Judicial es independiente y el Ejecutivo no puede sustraer al individuo que conforme a la Ley se hallare sometido a su jurisdicción», continúa afirmando que tal actuación sería «un atentado contra la Constitución» y que «sobre toda consideración estaría el deber imperioso de respetar la Constitución, de hacer respetar las leyes, deber que si a primera vista parece sólo en provecho de los nacionales, lo es también en provecho de los extranjeros que, como habitantes del país, están interesados en que las garantías aseguradas por la ley, sean respetadas por el Gobierno, así como por las demás autoridades del Estado». *Idem,* págs. 471-472.

[212] *Obras Completas de Andrés Bello,* volumen XXII, *Derecho Internacional,* tomo IV, Caracas, 1969, pág. 137.

[213] *Idem,* pág. 309. Por ello afirmaba «si el ejecutivo quiere no diremos dictar una decisión judicial, pero siquiera inclinar a un lado o a otro la opinión de los jueces en una causa, el Ejecutivo cometerá una culpable usurpación de autoridad, violando la independencia de los Tribunales», en «Independencia del Poder Judicial», en Andrés Bello, *Escritos jurídicos, políticos y universitarios, cit.,* pág. 88.

[214] *Idem,* pág. 86.

Sin embargo, a pesar de ser «ejecución» de la ley lo que caracteriza la actuación de la justicia, afirmaba, «El juez tiene toda la independencia imaginable para examinar por sí los hechos que se someten al poder de los Tribunales, y para aplicarle la ley, sin atender más que a los preceptos de ella y a los dictados de la conciencia propia. Pero, como en estas funciones, el juez no hace más que preparar la ejecución de las leyes, el que ejerza este ramo de los poderes constitucionales debe examinar cuidadosamente la marcha que siguen los funcionarios que las aplican, no para destruir la independencia de los juicios, remediando los abusos que se cometan en cada caso determinado, sino para precaver los que en lo sucesivo puedan cometerse, para hacer responsable al que los cometa, para velar con fruto sobre la inviolabilidad de las leyes, cuya observancia está confiada a su cuidado»[215].

b) La imparcialidad del Poder Judicial

La segunda idea fundamental de Bello en cuanto al Poder Judicial era la imparcialidad que debía caracterizar el papel de los jueces para mantener la libertad individual, la justicia y en fin todos los beneficios civiles que se deben a la sociedad. Esta imparcialidad, en efecto, sólo se logra cuando no existe ningún interés por parte de los jueces en la causa que se ventila. Bello, en este sentido afirmaba: «En un Tribunal considero que la mayor perfección estriba en que cada uno de sus miembros esté desnudo hasta de la más remota sombra de interés en la causa que se ventile en él; es necesario que ésta no le toque ni directa ni indirectamente, ni como personas individuales, ni bajo otro aspecto alguno, y si fuese posible, que vinieran de otro planeta los jueces destinados a pronunciar su fallo en una corte de justicia, con el solo conocimiento de las leyes preexistentes, ésta sería la mayor perfección posible a que pudiera llegarse en las deliberaciones judiciales»[216]; y reafirmaba: «En un Tribunal de justicia sería de desear que no hubiese el más pequeño interés relativo a la materia que se ha de resolver...»[217].

c) La sumisión a la ley

El tercer aspecto que de acuerdo a Bello caracteriza al Poder Judicial, también en relación con la imparcialidad de los jueces, es la obligación que tienen de sujetarse exactamente a las leyes, es decir, su completa sumisión a las normas jurídicas. Para Bello la observancia de las leyes es fundamental, pues sin ellas la sociedad no podría subsistir. Por tanto, todas las personas y principalmente los que se encargan de darlas, sancionarlas y ejecutarlas, deben guiar su comportamiento y actuación por lo que las reglas jurídicas indican; pero señala que «es

---

[215] *Idem,* pág. 87.

[216] «1843-1846, terrenos abandonados por el mar», en *Obras Completas de Andrés Bello,* volumen XVII, *Labor en el Senado de Chite*, Caracas, 1958, pág. 222.

[217] *Idem,* pág. 181.

todavía, si cabe, mucho más fuerte la sujeción a las leyes en los encargados de administrar justicia. Los individuos en quienes está depositada esta gran confianza de los pueblos, no pueden en su desempeño separarse de las leyes; y por muy poderosas que sean las razones privadas que les asistan para apartarse de su tenor o declinar un tanto de él todas deben callar, no debiendo oírse en el santuario de la justicia otras voces que aquellas que, pronunciadas por la razón antes de los casos, dieron a los jueces las reglas seguras de su conducta, que de ningún modo podían consignarse a la elección de una voluntad sujeta a variaciones y extravíos. Puede muchas veces parecer al juez una ley injusta; puede creerla temeraria; puede encontrar su opinión apoyada en doctrinas que le parezcan respetables, y puede ser que no se equivoque en su concepto; pero, con todo, ni puede obrar contra esa ley, ni puede desentenderse de ella, porque, si en los jueces hubiera tal facultad, no ya por las leyes se reglarían las decisiones, sino por las particulares opiniones de los magistrados»[218].

Por supuesto, la sumisión a la ley implica que los jueces, al aplicar los preceptos jurídicos deben prescindir de personas y deben rechazar todas las diligencias extraordinarias que intenten los litigantes, fuera del juicio con la finalidad de ponerlos a su favor (Bello cita como ejemplos los obsequios, visitas privadas a los jueces, etcétera), y que pueden desviarlos en un momento dado de las leyes y obstaculizar la administración de justicia. En relación a esto Bello señalaba: «Inútil parece decir que, estando el juez de tal modo ligado a la ley, que no puede separarse de ella por más convincentes y justas que parezcan las razones en contrario, esa misma atadura debe hacerle que prescinda enteramente de personas, cuando se trata de aplicar las leyes»[219]. «Si es el juez, esclavo de la ley, si sobre ella no tiene arbitrio, si nada es tan opuesto a su oficio como la aceptación de personas, se sigue que nada puede ser tan reprobado como querer inclinar el ánimo de los jueces por otras vías que no son aquellas establecidas y justificadas por el derecho»[220].

Bello así insistía en reprobar el tráfico de influencias en el Poder Judicial. Sus palabras tendríamos que seguirlas repitiendo en la actualidad: «Todas las veces —decía— que la influencia de una persona se interpone para lograr a favor de otra el buen éxito de un negocio judicial, debe considerarse, sean cuales fueren las circunstancias de aquélla, si puede tener algún título racional para tomar a su cargo el desempeño de este oficio. ¿Qué es lo que va a pedir al juez? Si gracia, ella no está en la esfera de sus atribuciones; si justicia, para esto no es parte, ni pide del modo que debe pedirse, ni el juez puede oírle, sino en el orden establecido por las leyes»[221].

---

[218] Véase «Observancia de la ley» en Andrés Bello, *Escritos jurídicos, políticos y universitarios, cit.*, págs. 74-75.
[219] *Idem,* pág. 75.
[220] *Idem,* págs. 75-76.
[221] *Idem,* págs. 76 y 77.

d)   La responsabilidad de los jueces

La cuarta idea fundamental de Bello en cuanto al Poder Judicial es la responsabilidad que deben tener los jueces en la administración de justicia. Este principio consiste en dar «...cuenta estricta de todo ejercicio del poder que la asociación ha delegado a sus mandatarios...[222] y es bajo el imperio de las instituciones republicanas un deber impostergable. Así, pues, la responsabilidad de los gobernantes es una garantía a los derechos individuales, pero si es importante que cada funcionario sea responsable de sus actos en el ejercicio de sus funciones, cuando se trata de los funcionarios del Poder Judicial, destacaba que la responsabilidad debía ser mayor, ya que es una de las bases de una correcta administración de justicia[223]. Decía así «... ninguna de ellas más conservadora de nuestras garantías civiles, que la responsabilidad de los individuos del Poder Judicial»[224].

B)   Exigencias de la administración de justicia

Pero Bello no sólo insistía en las características del Poder Judicial, como uno de los tres clásicos poderes del Estado, sino que desarrolló extensamente las exigencias de una correcta administración de la justicia por los jueces. Ello lo llevó a analizar no sólo las atribuciones del Poder Judicial, sino la forma cómo debían los jueces ejercer su mandato: con rectitud, celeridad y economía; además insistió en la necesidad ineludible de que los jueces fundamentaran sus decisiones y de que existiera publicidad de las mismas.

a)   Atribuciones de los jueces

En cuanto a las atribuciones del Poder Judicial puntualizaba Bello que a los Tribunales de justicia les «... corresponde tomar conocimiento de todos los actos que están sometidos a la influencia de sus leyes, y prestar la fuerza de la autoridad pública a la defensa y vindicación de todos los derechos creados por ellas»[225], en otras palabras, son encargados de administrar justicia para lo cual es indispensable contar con un buen sistema de juicios que respete las garantías previstas en la Constitución. «... Sin un buen sistema de juicios — decía — la seguridad que recompensa el trabajo, el crédito que multiplica los capitales, la sociedad civil, cuyo sagrado vínculo son las leyes, la libertad que consiste en obedecer a ellas solas, la moral pública cuya verdadera y eficaz censura no puede existir sino en los Tribunales, son palabras sin sentido, y

---

[222] Véase «Necesidad de fundar las sentencias» en Andrés Bello, *Escritos jurídicos, político y universitarios, cit.*, pág. 112.

[223] Véase «Administración de justicia» y «Responsabilidad de los jueces de Primera Instancia» en *Obras Completas de Andrés Bello,* volumen XV, *cit.* (en prensa).

[224] Véase «Responsabilidad de los jueces de Primera Instancia», que apareció publicado en «El Araucano», en 1836, en *Obras Completas de Andrés Bello*, volumen XV, *cit.* (en prensa).

[225] *Obras Completas de Andrés Bello,* volumen X, *cit.*, pág. 98.

que, sin el goce de estos inapreciables bienes, nuestra independencia, cuando pudiésemos lisonjearnos de conservarla, no valdría una sola gota de la sangre heroica que ha corrido en tantos... combates» [226].

b) La rectitud de las decisiones

Pero para Bello, además, una buena administración de justicia debía reunir tres elementos fundamentales: «rectitud en las decisiones, celeridad, economía», y añade que estos elementos son tan esenciales «que la falta de uno de ellos reduce a nada los otros dos» [227].

Para conseguir la rectitud en las decisiones de los jueces, Bello sostenía que era indispensable por parte de los mismos «el conocimiento de la ley, conocimiento del hecho a que se aplica, integridad e imparcialidad» [228].

Pero para conocer la ley era y es necesario que su texto sea lo más claro posible, preciso y accesible. Por ello decía que la simplicidad de la ley era muy importante para su conocimiento, pero también se requería que el magistrado la estudiara. Además, el juez para aplicar una sentencia con rectitud debe tener un gran conocimiento del hecho sobre el cual ha surgido la disputa y sobre el cual debe decidir. Por último, se exige integridad e imparcialidad por parte de los magistrados, es decir, no deben tener el menor interés en la causa que se ventile, ya que de lo contrario no podrán ser completamente imparciales [229].

c) La celeridad judicial

En cuanto al segundo elemento para una buena administración de justicia: la celeridad, Bello señalaba que «nada interesa más a la mejor administración de justicia que la brevedad en el despacho de los negocios; y nunca serán éstos más brevemente conducidos que cuando, después de allanados por las leyes en lo posible los estorbos que opone a la celeridad del despacho el recargo de inoficiosos trámites, de términos indebidos y fórmulas inútiles, su número es menor, y la atención de los jueces se reparte menos» [230].

d) La fundamentación de las sentencias

Un aspecto de la administración de justicia en el cual Bello insistió mucho, y que constituye en la actualidad y siempre la base de una recta adminis-

---

[226] Véase el «Mensaje del vicepresidente de la República, don Fernando Errázuriz al Congreso nacional (1831), en *Obras Completas de Andrés Bello, volumen XVI, Textos y mensajes de Gobierno, Caracas, 1964, pág. 13.*

[227] Véase «Administración de justicia», en *Obras Completas de Andrés Bello,* volumen XV, *cit.* (en prensa).

[228] *Idem* (en prensa).

[229] *Idem* (en prensa).

[230] *Idem* (en prensa).

tración de justicia es la necesidad de que las decisiones judiciales fueran fundamentadas.

En cuanto a esta obligación de los jueces de fundar las sentencias Bello señalaba que como garantía para una «regular administración de justicia» no era un hallazgo del siglo XIX, sino que «había sido consagrado mucho antes en los Gobiernos populares»[231], y citaba como ejemplo a Francia que «... apenas libre, se apresuró a naturalizarlo»[232]. Para Bello la fundamentación de las sentencias por parte de los jueces, esto es, la obligación de exponer cuál es el fundamento que lo lleva a sentenciar en determinada forma, inspirado en la ley, era una necesidad para proteger el derecho de los ciudadanos y «... a que los Juzgados y Tribunales que fallan sobre su vida, honor y hacienda... apoyen sus decisiones en las leyes»[233].

El tema de la fundamentación necesaria de las sentencias, no sólo era esencial en la concepción de Bello, sino que es un tema siempre actual, base del derecho procesal contemporáneo, y único remedio contra la arbitrariedad de los jueces. Todavía en nuestra democracia del último cuarto del siglo XX *debemos* repetir a nuestros jueces lo que decía Bello hace bastante más de un siglo:

> «... siempre será necesario que el magistrado haya tenido algún fundamento para declarar, a nombre de la ley (porque no puede hacerlo de otro modo), que tal contrato es inválido, que tal acto es criminal y debe castigarse con esta o aquella pena, que tal demanda es justa, que tal excepción es legítima. No forma él estos juicios por una secreta inspiración. No hay un poder sobrenatural que mueva sus labios, sin el previo trabajo de sentar premisas y deducir consecuencias. ¿Es su sentencia la aplicación de una ley a un caso especial? Cite la ley. ¿Su texto es oscuro y se presta a diversas interpretaciones? Funde la suya. ¿Tiene algún vicio el título que rechaza? Manifiéstelo. ¿Se le presentan disposiciones al parecer contradictorias? Concílielas o expongan las razones que le inducen a preferir una de ellas. ¿La ley calla? Habrá a lo menos un principio general, una regla de equidad que haya determinado su juicio. De algunos antecedentes ha tenido por fuerza que deducirlo... ¿No deberá ser el público si un poder que pesa sobre todos los hombres se administra con inteligencia y pureza? ¿Y no es la exposición de los fundamentos de las sentencias el único medio de impartir este conocimiento?»[234].

---

[231] Véase «Necesidad de fundar las sentencias» en Andrés Bello, *Escritos jurídicos, políticos y universitarios, cit.*, pág. 111.

[232] *Idem.*

[233] *Idem*, pág. 111.

[234] *Idem*, pág. 113.

Y agregaba Bello, en forma terminante: «A la verdad, si la sentencia no es otra cosa que la decisión de una contienda sostenida con razones por una y otra parte, esa decisión debe ser también racional, y no puede serlo sin tener fundamentos en que apoyarse; si los tiene, ellos deben aparecer, así como aparecen los que las partes han aducido en el juicio, que, siendo público, nada debe tener de reservado...

«Si el juez no puede proceder por su arbitrio, si en el ejercicio de sus funciones debe estar ligado a la decisión de las leyes, si éstas son las que conceden o niegan lo que se pretende en el juicio, y el juez sólo tiene en este acto el destino de aplicarlas; si su aplicación debe ser conforme a los hechos; si todo esto es cierto, decimos, nada es tan natural como que el juez, al tiempo de pronunciar su fallo; designe la ley que aplica, manifestando el hecho tal cual resulta de autos y cual lo exige la aplicación que ha hecho de la decisión o decisiones legales,..

«Admitir sentencias no fundadas equivale, en nuestro concepto, a privar a los litigantes de la más preciosa garantía que pueden tener para sujetarse a las decisiones judiciales. ¿Son acaso infalibles los jueces? ¿No suelen equivocarse muchas veces en sus conceptos sobre la justicia o injusticia de los negocios?...»[235].

e)   La publicidad de los juicios

Pero Bello, además, insistía en que también debía ser garantía de una sana y recta administración de justicia la publicidad de los juicios, fórmula básica para preservar la arbitrariedad y las prevaricaciones de los jueces.

Decía así, «la publicidad de los juicios, bajo cualquier aspecto que se mire, es, de todas las instituciones políticas, la más fecunda de buenos efectos. Ella es el único preservativo seguro de la arbitrariedad y de las prevaricaciones. Ella pone de bulto la fealdad de los delitos y vigoriza las leyes, amedrentando a sus infractores con la infamia, que no puede menos de acompañar a la convicción»[236]. Por ello concluía señalando que «las garantías que no se apoyen en una buena administración de justicia son fórmulas sin sustancia, y faltando la publicidad de los juicios, la administración de justicia es peor todavía en los estados populares que en los despóticos»[237].

---

[235] Véase «Administración de justicia», en *Obras Completas de Andrés Bello*, volumen XV, *cit.*
[236] Véase «Publicidad de los juicios», en *Andrés Bello, Escritos jurídicos, políticos y universitarios, cit.*, pág. 96.
[237] *Idem*, pág. 98.

LA CONCEPCIÓN DEL ESTADO EN LA OBRA
DE ANDRÉS BELLO, de ALLAN R. BREWER-CARÍAS, se imprimió
en la República Argentina en noviembre de 2020.